大展好書 好書大展

大展好書 好書大展

社會人智囊
42

男性成功秘訣

陳蒼杰／著

大展出版社有限公司

前言

自從瑪麗蓮夢露躍登銀幕以來，「性感」一辭卽廣泛地被使用。她那燎人欲醉的眼波、輕啓的朱唇、豐滿的胸脯、充滿磁性的嬌嗔、以及夢露式輕擺臀部的步法等，無不散發著充分的性魅力，令全球男性為之著迷。

此後，人們就習慣以「性感」一辭來批評銀幕上的女明星，似乎不性感的女性就不可能成為大明星。

當然，有關性魅力的評價尺度古今不同，但廣泛地說，無論東西方的女性都為了取悅男性，專心一意於打扮自己，使自己顯得更美麗。不過，這種性魅力並不純粹只指外表的美與醜，較常見的表現方法還包括：「男人喜愛的模樣」、「她很騷」、「她真迷人」等。

因此，「性感」兩字幾乎成了女性的專用語。

然而，近幾年來，世界女性對於男性外表的要求，已經從英俊瀟灑轉變為强壯精悍，換句話說，「性感」也成了男性美的重要條件。過去那種猛K書的蒼白型高級知識份子，以及一天到晚只會埋首工作的工蜂、工蟻等，如今也不吃香了。

簡言之，現在已到了男性必須認清——男人已經被要求應該比女性更具有美麗外表的時代了。

現在的大企業在徵試的時候，已不再採用體重顯著超過標準的臃腫男性，而且，諸如服裝不整潔、相貌陰暗不出色的男性，也有不易升遷的傾向了，因為，這是一個非常重視外觀與包裝的時代。

事實上，在現在這個商業社會裏，站在第一線從事領導工作的男士們，幾乎都保有修長健碩的體型，他們動作俐落，兩眼有神，儀表也都非常出衆，這一點你只要稍微細心些觀察卽可發現。

是故，如果你希望將來在社會上功成名就，就需要多注意自己的外表。

美國人對於人的儀表最常用的字眼，卽是 flare （耀眼），我認為雷根得以擊敗孟岱爾當選總統，就在於他有耀眼的儀表，而這卽是男性不可或缺的魅力。

也許是為了反映這種世界風潮，現在男性專用的減肥中心、男性美容院、美髮中心等非常盛行，似乎現代男性已自覺到要有出色的儀表，才能在這個社會上成為一個出色的人物。

本書卽是一部能使你更具有男性魅力，並以實用為前提的著作。

不過我必須在這兒先做聲明，我旣不是服飾評論家也不是美容專家，我只是一個醫生，所以，我很了解自己沒有能力分析你該如何改善服飾或髮型。

但是，我可以站在最新美容醫學的立場，來告訴你如何使你的臉孔看來更具有男性氣慨、更英俊，如何治癒禿頭、如何增强你的性能力等，將自己所知道的一切傾囊相授。

無論如何，沒有男性魅力的男性，不僅不易在商業社會功成名就，當然更不容易獲得美女的青睞。

在此，筆者希望你能藉著本書成為具有魅力的男性，不僅能征服工作，也能征服女人，成為男人中的男人。

目錄

2.能征服工作就能征服女人……四一

5.成功者的實例即是證明

序章——改變中的「成功者的條件」

最近商業社會的最大特色，就是經營者的更迭速度非常快。

換句話說，商業界盛行更換年輕的領導者，而這種現象即是商業界首腦人物正在新陳代謝的最佳證明。

但是，如果你仔細觀察這些新登場人物的照片，就會發現一個令人驚訝的事實，即是現在的最新領導人都擁有英俊的臉孔與修長的身材，而且他們都風度翩翩，可謂是儀表出衆的男人。

提到這樣的男人，我不由得想起美國商業界常用的「ph'ysical elite」這個名詞，它似乎是在最近五、六年才廣泛被使用的。

所謂的「physical elite」是指體型結實漂亮而又有出色容貌的人。亦即到了中年也不發胖，依舊保有修長身材的男人，才有獲致成功的希望。相反的，身上有一大堆脂肪的人，表示他連自己的健康都無法管理，必定是個意志不堅強的人，這種人不僅沒有升遷的希望，甚至在參加應徵考試時就會被刷掉。

那麼，這種男性美的意識，究竟是如何產生的呢？我認爲這大概是因爲到了一九八〇年代，由於衣食豐足，生活水準提高，於是開始追求禮節與美觀。至此，不只是女性，男性也一樣有了追求美的餘裕。

或謂一九八〇年代是女性的時代，也有人說現代的社會已少不了女人，因爲女人已開始積極地參與一切。

關於女性顯著參與社會的情形，已不必多提，因爲女性的勞動力如今已是經濟社會不可或缺的，再加上社會上的主要消費者也是女性，所以，女性的力量可謂已超越了男性。

在這種情況下，男性當然在各方面都不可以忽視女性，不僅如此，現在已到了男性應該爲討女性歡喜而盡力的時代了。

除了社會上知名的大企業老闆外，如業務員等與外界接觸較多的男性，通常都會被要求良好的外貌，這種說法並不過分，因爲若不如此就會影響到公司的營業，如此一來，自然也不易升遷。同樣地，如果你藐視女性的好惡，自然也不會有好的結果。

無論如何，現在這個社會已步入美的全盛時代，不只是女性要美，男性也同樣必須追求男性美。

不過，這並不是要求你宛如小白臉般，成爲脂粉味很重的美男子。

目前東西方最新領導階層的共通點，就是他們對女人都具有強烈的性魅力。換言之，沒有這種魅力或外貌太差的男性，無論如何努力都不易在這個時代裏獲得成功。

本書是站在美容醫學的立場，來說明現代男性應具備的優點，同時希望你也能跟上時代的脚步。

本書分成兩個部分，第一部是列舉各種實例來說明何謂男性魅力，並提出女性的證言，嘗試做徹底的解明。第二部分是具體說明「如何成爲一個性感的男人」，提出一些具有實踐性的對策。

只要你能充分活用，一定可以變成充滿魅力的男士，同時也能對你的事業有所助益。

第一章　沒有性魅力的男性不會成功

1.何謂男性的性魅力

彬彬有禮的知識階級已不適用

著名的心理學家佛洛伊德曾經說過：

「性的能力（energy）是人類活力的根本。」

顯然最適合替代「性魅力」一辭的名詞，就是「性能力」。

男性要有男性的能力，女性也要有女性的能力——卽是生命力。每當有人問我「何謂男性的性魅力」時，我都以一句話來回答——卽全身洋溢著強韌的雄性熱力。

要有性魅力這個前提是不會錯的，雖然性魅力並不是男性的全部，但你該相信它是個根本條件吧。

前些時候筆者在翻閱一本男性雜誌時，看到裏面有個標題是——爲何溫柔的男性已不適用？我瞻前顧後了一番，覺得這樣的問題的確很適合現代的風氣。

在現今這個社會裏，溫柔的男性太多了，他們總是笑容滿面地對待女性，任何事都迎合、肯定女性，只會說「我了解」「我知道」，無法對女性說「這個不對」，像這樣的男性多得不勝枚舉。

即使再聰明再有智慧，太溫柔了就無法察覺其男性氣概，女性異口同聲地表示，溫柔固然很好，但這種溫柔往往不是眞心的，只是表面的奉承，沒有意義。

女性們指出，這樣的男性，優柔寡斷、沒有信心、膽小、沒有判斷力；經常顧影自憐，對事物沒有主見，且不穩重又易迷惑……而這些傾向都是「非男性化的」。

我認爲現代女性能夠看清這些，並表達自己的想法與意見，是非常值得喝采，因爲，現在她們已經能夠眞正領悟到什麼是不折不扣的男人了。

男性的性魅力與十大要件

現代女性不論年輕與否，都已經懂得要求男性要有性魅力，對於這樣的傾向，如果你認爲這是對男性有益的現象，那麼，我可以說你是個有骨氣的現代男性。

現代的男性已到了成爲女性賞識及審美的對象，且要懂得如何散發出男性魅力以獲取女性支持的時代，因爲，一九八〇年代的一切，都明顯朝向女性主導型的消費社會發展，現代女性也比男性更加有選擇的自由，雖然現在的社會主要還是由男性在推動。

到了這種地步，除了努力磨練自己的性魅力，以回應女性的期待外別無他法。

男性的性魅力究竟是由何種具體的因素構成的呢？現在讓我們對這個問題做較深入的探察，以下是筆者經長年研究獲得的十項男性性魅力的要件；如果你已具備這十項要件，那麼，你已不必再繼續閱讀本書了。

其一　應有男性化的英俊

即使是再精明、再能幹，如果你的外表邋遢，只怕很難抓住女人的心。當然，我們常聽說不應重男人外表，主要是看有沒有內容。可是，倘若你問女性她們是以什麼爲前提來挑選男性，她們還是會回答「外貌」。

但我並不是說你必須是個眉清目秀的美男子，這裏所謂的英俊男性，並不是指相貌端正的美男子，更不是指小白臉，而是鼻子、眼睛、嘴巴都很男性化，令人覺得強壯、富有智慧，且吸引人的男性。

如希臘神話中的太陽神阿波羅，即是萬千選一的美男子，所以，你不必以他爲標的，儘量在可能的範圍內努力展現自己的優點，使自己看來更顯得英俊。

烱烱有神的雙眼、表現強烈意志的粗眉、直而挺的鼻樑、性格的一字唇形、結實有力的下巴，如果你的臉孔已具備這幾個因素，可說是相當英俊。相反的，假如你認爲自己條件都不夠，最好立刻考慮如何增進這些條件，至於具體的方式，請參考本書第二章的詳細說明。

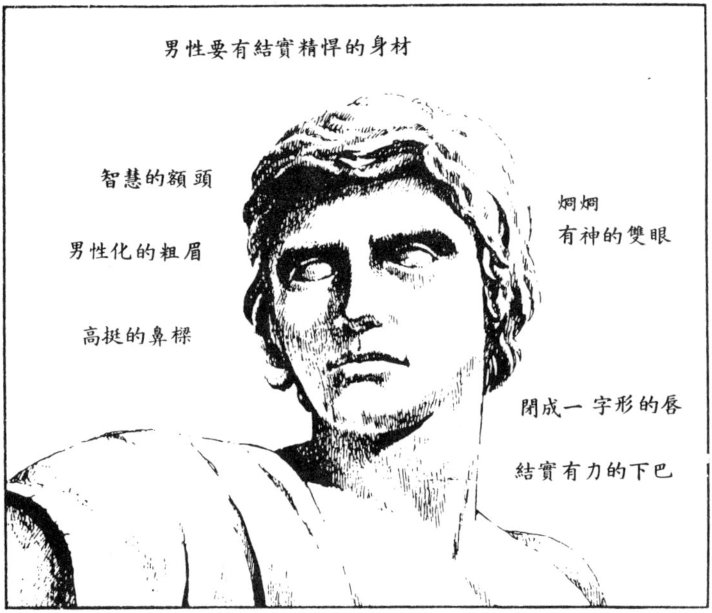

男性要有結實精悍的身材

其二　要維持修長而富有彈性的身材

前面已談到過，近年來肥胖的男士再也不能成為美國商業界的領導人物，因為肥胖的人動作遲鈍，而罹患成人病的可能性也很高。試想，如果你的上司看到你便想著：「這麼胖的人一定不久就會住院……」他怎麼可能重用你或提拔你呢？何況，肥胖也表示你連自己的健康都不會照顧，意志力不堅強，這樣的人如何能踏上成功大道？當然女性也不可能喜歡你。

試問男性如果沒有強壯如鋼鐵般的身體，全身都是鬆垮垮的贅肉，如何與女性嬌柔勻稱而凹凸有緻的美好軀體相襯呢？

男性的身體應該是結實精悍的，可能

的話還要有美感，這大概是全世界女性對男性的希望，要達到這個條件的要點之一，就是身上沒有贅肉。縱然你有出色的相貌，如果腹部是凸出且鬆垮垮的，相信絕不會有女性對你送秋波。

其三　至少外表要比實齡年輕五歲

無論男性或女性，看來比實齡年輕都是件令人高興的事。而所謂的年輕，即表示細胞的新陳代謝活潑，也是一個人的生活過得很有精神及活力的證明。

也許你曾注意到，無論是在國內或國外，演藝人員、歌星看來都比實際年齡年輕，常常在知道他們的實際年齡後，都會爲其高明的駐顏術感到驚訝。

舉個例子來說，如好萊塢的大明星賈利古柏，他到了五十幾歲還照樣當西部電影的主角，不知底細的人還以爲他只有三十幾歲呢！

還有一部美國的棒球電影「大自然」中，扮演打擊手的羅伯・雷特弗特，任何人看了都以爲他只有三十幾歲，實際上他已將近五十歲了。

因此，男性的性魅力條件中，絕不可以有「老成」這兩個字，世界上絕不會有女人說：「那個男人看來很老成，眞討人喜歡。」一定是四十幾歲看來卻像三十歲，顯得年輕而有活力的男性，才會討女性喜歡。

何況一個人看來年輕，絕不只是純粹外表之美，它同時也表示這個男性的腦細胞新鮮，保有年輕的機智，所以和女性在一起時才能說些幽默的話，吸引女性的注意力。

其四　喜愛並擅長性技巧

男性的力量泉源之一，不用說即是性能力。凡是缺乏性能力的男性，在工作方面也不可能有特別強的能力。筆者認識一位公司職員，他原本是個精力充沛的人，工作時根本不懂何謂疲倦，三更半夜回家時還會把妻子吵醒要求房事；到了三十七歲平均一週還要行房三次，而且只會多不會少。

可是，自從他在幾個月前工作上招致挫折後，他的精力突然萎縮了，在這個春季的人事調動裏，他從最紅的營業部調到資料調查室，擔任閒職。

如今，他下班的時間比以往提早了四、五個小時，也許你會認為這樣也不錯，可以有更多的時間和妻子耳鬢廝磨，但事實正好相反，他現在一個月只和妻子行房一次；據他說，現在想要也不行了。

由此可以看出，工作能力與性能力是息息相關的。

工作能力強而被認為很能幹的人，其夜生活必定也精力充沛，喜愛性，而且次數頻繁。

「因此，所謂的性生活，可說即是男女荷爾蒙相互潤滑的向上運動。」

喜好性愛的男性工作能力必定很強

某位生理學家如是說。

我認爲他說得很有道理，因爲性行爲的次數頻繁，男性荷爾蒙就會強而有力地在體內發生作用，促進細胞的新陳代謝，使男性更健康更富有活力。因此，喜愛性而次數頻繁的男性，在各方面都會顯得很有精神，宛如生龍活虎般，像這樣的男性當然會深受女性愛慕。

也有一種說法是「興趣能使一個人精通個中技巧」，性技巧好的人，也是吸引女性極重要的因素。

假如你想誘惑女性上床，當然也要有能夠使女性銷魂的本領，這也是男性的一種義務，不是嗎？

有些男性在和女性上床以前，都要吃些強精或增強體力的食物，然後才意氣旺盛地說：「好，今晚要……」其實，這種靠食物或藥物增強體力的方法，和性愛技巧根本不能相提並論。

精力充沛型的男性多半都是以自我爲本位，喜歡較粗魯的性，然後一面觀察女性喜悅的表情，一面使自己也達到高潮。這才是高明的性愛技巧，而這樣的男人也才能夠確實地讓女性銷魂。因此，如果你也深好此道，請你不要只考慮到自己的快樂，你一定要先想到如何讓對方銷魂。

假定和你做愛的女性在事後說：「我根本沒有感覺。」那麼，你就不能算是「能幹的男性」了。

其五　要充滿男性氣概

男性所應具備的最主要條件，大概就是能夠在這個社會上贏得生存競爭的勝利。

古代羅馬的戰士爲了將美女占爲己有，必須逐一將競爭對象擊倒，最後獲勝者始可獲得美女，而美女也會對這樣的強者送上最美麗的微笑。

這種競爭模式至今未變，但因爲這是一個高度文明的社會，所以男性除了要有格鬥的能力外，還要擁有充分的智慧，以及由此產生的經濟能力。

如果再進一步詳細分析，就會發現能夠在現代生存的男性，其必備條件即是行動力與穩重性二者平衡。

行動的時候，男性應該如狡兎般敏捷，靜止時，則宛如泰山般穩重。如果一天二十四小時都忙忙碌碌，連休息時眼睛也骨碌碌地轉著，腿也不停抖動著，手指猛敲著桌子，這種男性可謂一點性魅力都談不上。

一般中型企業爲徵召人才而進行面試時，都以年輕的應徵者是否冷靜沈著，來決定採用與否。面談時，現場氣氛非常緊張，因爲眼前坐著一排公司的高級主管。這時，膽小的人一定會有如坐針氈的感覺，唯有具有自信的厲害人物，才能坦然面對而不受氣氛或壓力影響。

當然，競爭的壓力必然存在於每個人的心中，這時能抬起下顎，以明朗的神情回答問題者，自然會被認爲是有膽識的人。換句話說，遇事態度是否穩重，往往可決定一個人的份量。

一切的行動都必須以穩重爲基礎——譬如經過沈思後獲得了答案，接著就如脫兎般改變沈穩的態度開始快速行動——能幹的男性必定動與靜都明顯俐落，如此才能產生力量。

優秀的成就必然建立在動與靜的平衡上，窮忙碌的人絕不會把工作做好，相對地，只是神氣地坐在那兒不懂行動重要性的人，一樣無法把工作完成。

在女性眼中，男性是否穩重也是性魅力的要件之一。筆者認識一位二十八歲的年輕人，不久前才和結婚三年的妻子協議離婚。其離異的原因很多，但其中特別引起我注意的，却是他妻子所列擧出來的日常瑣事。從她的談話中，我發覺她對丈夫已厭惡到了極點。

「在餐桌上面對面吃飯時，他總是快速地狼吞虎嚥，發出各種咀嚼的聲音，三年來天天如此，我已經忍受不了了。」

女人經常在進餐時觀察男性的品性與穩重性，因此，你也不能忽略進餐時的基本禮節，千萬別認為它只是日常生活的芝蔴小事。

其六　妻子或情人都是「好女性」

日本素有電力界巨人之稱的C先生，生前就經常這麼說：

「連女人都不會玩，每天早早回家的男人最沒出息。工作能幹而精力充沛的男性，除了工作外還必須會喝酒、玩女人，這樣才能說是眞正的男人。」

愈是迷人的男性，其妻子或情人必定也是迷人的好女性

這位C先生的座右銘是做他人三倍的工作，結果，他成了在日本設立九家電力公司的企業界巨人。當然，他在玩女人方面也是非常出名的人物，不過，他在外面雖然猛玩女人，回家後却也有溫馨和藹的一面，因爲他一直都很愛護、照顧自己的妻子。他說：

「在外面只是玩玩而已，絕不可以當眞，這是玩女人的前提，要把眞情留給自己的妻子。」

從這句話當中，我們可以看出他對待自己的妻子是認眞的。所以，明明知道自己的丈夫經常在外面拈花惹草，他的妻子還是一樣愛他，因爲她深信「丈夫眞正愛的還是我這個妻子」。相對地，我們也可以從這個事實，看出C夫人是多麼賢慧的好女人。

因此，眞正具有性魅力的男性，一定是不會讓妻子及情人討厭的男性。

試想，不受妻子及情人喜愛的男性，怎麼可能討其他女人歡喜呢？

有的男性會如此想——

「我對妻子已經感到厭煩了，還是到外面找其他女人玩玩吧！」

「我要趁她還沒有逼我結婚以前和她分手，然後找一個更好的女人……」

對於這樣的男人，我要大聲告訴你——當你對她們感到厭煩時，多半她們也對你產生厭倦了。像這樣的男性，根本談不上性魅力。

以有妻室的男性來說，眞正具有魅力的男性，必定是結婚的時間愈久愈能吸引妻子。因爲，認眞工作能夠在競爭激烈的社會生存的男性，他的內在必定也無時無刻不在成長，而這一切必定會以更成熟的風貌展露於外。妻子是與他的生活有密切關係的異性，她當然會對丈夫的成長感到欣喜，她會覺得：

「我的丈夫愈來愈成熟，也愈來愈迷人了。」

她會不時以驚喜的眼光欣賞丈夫，覺得丈夫永遠是新鮮而令人感興趣的異性。

「男人過了四十歲，就要爲自己的臉孔負責。」

這是美國的第十六任總統林肯所說的話。古羅馬哲學家西塞羅也說過：

「臉孔是精神之門，也是精神的肖像。」

如果你還是個單身漢，而且是個有魅力的迷人男性，那麼，你的女友必定也是個迷人的好女性，因爲只要你是個有魅力的男性，她就應該透過與你的交往，逐漸變成一個更好的女性。當然，如果情形正好相反，則表示你根本不是有魅力的男性。

其七　能夠精明而有條不紊地處理事情

能幹的男性絕不能有平庸的腦細胞，因爲這是一個高度管理化的社會，想要在其間生存，除了智慧外無其他更有力的武器。

現在，世界各地無時無刻不在進行各種競爭，而要戰勝的對策只有一個，那就是比他人更善於運用智慧。

能幹的男性必定是精明的人，這是現代男性應有的魅力之一，其內容包括懂得臨機應變、感覺靈敏、具有明快的架構能力、有先見之明、具有企劃力、說服力……這些都是要成爲商業社會中的一名戰士，所不可或缺的武器。

當然，這種男性必定也懂得如何以機智或幽默讓女性開心，進而在女性世界中大受歡迎。

常聽年輕的女性表示喜歡穩重的中年男性，爲什麼她們會推開二十幾歲的英俊小伙子，反而喜歡三、四十歲的人呢？

這是因爲中年男性的話題比較豐富，也懂得幽默。和女性一起吃飯喝酒時，願意以適當的幽默及機智來服務、照顧女性。

女人常說「有趣的男性眞討人喜歡」，這裏所謂的有趣，意味著男性的腦細胞必須是活潑、有力的，因爲能夠連續說一些俏皮話的男性，他的腦筋必定很好。他能夠以適當的笑話讓女性發笑，這種服務精神即是親切、周到的表現，女性當然會喜歡這種男人。

目前在電視上非常走紅的男明星H，幾年前剛出道的時候，女性都對他敬而遠之，她們對他的批評是——

「戴一副太陽眼鏡，盡說些怪里怪氣的話，做事也怪怪的，眞不知是什麼東西！」

現在他成名了，成爲一個非常出色的明星，很多女孩子都喜歡他、支持他，這或許是因爲他經常在節目中表現自己的機智，使女性深受吸引。

足以和這位男星分庭抗禮的，就是男節目主持人B，他有自己的基本女性影迷，他的主要魅力也是機智，擁有一張非常犀利的嘴，也許女性觀衆即是因此而迷上他。他曾說過：

「以前我就喜歡讓別人笑，但是我很討厭別人笑我。」

從這句話中，我們也可以看出他的處世態度。

因此，不論是過去或現在，機智永遠是演藝人員最有利的武器。而且，若沒有女性觀衆爲基礎，一名男演員是不易走紅的。

總而言之，男性必須腦筋轉得快，工作效率好，能夠說些機智又能吸引女性的笑話。除此之外，還有一個很重要的條件，那就是不會說太多無用的話。

「愛說話的男人眞令人討厭！」

多數女性都會異口同聲地說。那麼，愛說話的男性何以討厭呢？這是因爲愛說話的男性會令人覺得膚淺、輕浮而沒有內涵。

實際上，老愛亂七八糟說話的男性，多半都會給人輕浮的感覺，就像機關槍般說不停，如此，他所發射的子彈必定都毫無重量。

我們說話時，通常都要透過腦細胞到達聲帶，即經思考選擇，讓每一句話都成爲精華。因此，腦筋轉動得快的人，這種選擇一定很仔細，是故所說出來的話必定每一句都能充分發揮實際效果，不會像機關槍而是如同左輪手槍般。

一般愛說話的人，就是期待「多發幾槍總會射中」，因而亂動舌頭。可是，女性討厭這種男性，她們也都了解，這種打擊方式是沒有內容的。

不論是中外或古今，女性始終是依存於男性的動物，希望男性比自己高一等。前些時候在美國暢銷一時，銷售量非常好的『灰姑娘的自卑感』一書，即是深入探討女性這種依賴心理的書籍。該書所敍述的主要內容是，在女性權力意識已經很高，而且也有女性比男性優越之說法的現代，女性內心對於男性的依賴心理依舊未消失，而除非這種依賴心消失了，否則眞正由女性主導的社會絕不會來臨。

換句話說，就因爲這種灰姑娘的心理，女性才會認爲內心彷彿隱藏著什麼，但是却可以感受到信念堅定又沈默寡言的男性，才是具有信賴價值的對象；而充滿了信念的男性，也才是具有性魅力的男性。

其八　必須也是個賭徒

不論古今中外，男性都是爲了使自己的鬥爭本能得以滿足而生存的動物，這並不是一種習性，而是生爲雄性動物的本能，因此，即使我們是誕生在沒有戰爭的和平時代，也一定要製造些可以下賭注的勝負遊戲。

就因爲如此，諸如賽車、賽馬、賽船等，爲了下賭注而眼睛變色的男人永遠不絕於後，同時

需要有下賭注的決斷力與勇氣

，拉斯維加斯的夜世界裏永遠都擠滿了賭徒。

大致說來，女性眼中具有魅力的賭徒可分爲兩種類型，其一是對勝負斤斤計較的男性，其二是對於勝負較能釋然的豪邁、粗獷型男性。

筆者本身也頗好方城之戰，因爲它是極佳的智慧遊戲。在麻將桌上，你還可以清楚看出每個人的個性，僅此一點即令筆者深感興趣，因此，我總把它當做一個小型的人生戰場。

在我的老牌友當中，有兩位個性可謂正好相反的男性，其一是四十幾歲，個性親切而和藹的律師S，其二是將近四十歲，消瘦而給人俐落感的某超級市場老闆F。

這兩人都是有十五年以上打麻將經驗的老手，可是，他們的麻將風度却完全不同。

S的麻將技巧很好，他能仔細推算對手手上的牌，是個絕不會輕易放炮讓他人贏的人，所以，他絕少大輸，但也不會大贏。

相反的，F是具有大將風格的人，他喜歡自己製造大牌，勇敢地克服小障礙，有時會固執己見，所以他常有大輸大贏的情形。

經常與我們三人搭檔的是一位女性，她對於S與F的看法是這樣：

「我覺得F比較具有男性魅力。」

對於任何事情都小心翼翼，甚至連石頭橋也要敲敲看才走過去的S，平時獲勝的戰績的確比F多，因爲他不會輕易給別人機會，是能夠保持不輸不贏的麻將專家。可是，這位女士却表示：

「S這種打麻將的方法，讓人感受不出任何男性的魅力。」

相反的，F的打法往往勝負的差幅很大，可說是充滿不安要素的打法，但是在應該前進的時候，他就會毫不考慮地前進，顯得強勁有力，因而你可從他的做法中感覺出男性應有的生命力，而這種感覺通常都會使女性興奮起來。

所謂的男性魅力並不是事事都保持平衡，與其事事都保持沒有大變化的平衡，還不如較有奔放感的男性受歡迎。

這一點不只是在玩或賭方面，在工作方面也是一樣。假定眼前有一個擴展市場的大機會，需要極龐大的資金，成功了卽可獲得無以計數的巨額利潤，但卽使你把全部的資本都投入了，依然無法保證一定會成功。換句話說，抓住了機會就有成功的希望，但失敗的可能性也相對地增大，這時該怎麼辦呢？

這就是事業上的賭注，如果採取敲過石橋才走的多慮型作法，就可能放棄，或是要下很大的決心才敢大膽走過去。

在這種情況下，女性通常會喜歡能夠大膽下賭注的男性，這並沒有什麼道理，只是女性心裏會覺得這種男性較有男性氣概罷了。因此，豪邁的賭徒性格也是男性魅力之一。

其九　要同時兼備強壯與溫柔

美國的非情派（hard boiled）作家雷蒙（Raymont Chandle）不知你是否熟悉，他的小說被搬上了銀幕，由於故事中的主角——私家偵探菲力浦・馬洛，是由亨佛萊・鮑嘉所主演，使這部電影更受歡迎。當然，故事中的對白也很絕。

馬洛被捲入了某個事件的漩渦中，因而得以和美女邂逅、結合。事後她對馬洛說：

「你是一個強壯的人，何以心地却這麼善良呢？」

馬洛如此回答：

「男人必須強壯有力才能活下去，而不溫柔、善良則沒有活下去的資格。」

你覺得如何呢？現在，這種令人覺得舒暢的話已不常聽見了。

我一直想要找出一個男性魅力的典型，男人當然要強壯，但這並不是唯一的條件，否則世界上的角力或拳擊選手，豈不成了全世界女性的英雄？但事實並不然，因爲女人喜歡的並不只是男人的勇猛。

在亞洲職業棒球界頗享盛名的L，是非常強勁的世界級棒球選手，他出道那年就成了全壘打王，當然得分及打擊率也是屬一屬二的，而他所參加的棒球隊伍，也很快在世界職業棒壇取得了最高榮耀，L就這樣保持了幾年的光榮。

值得一提的是，L的女性球迷非常多，這是否因爲L的打擊率、全壘打數及爲三壘手的特殊榮耀所致？其實不然，因爲女性根本不大注意這些。

我認爲L所以迷人，是因爲他強壯的背後，有說不出的濃郁人情味與善良，亦卽是他溫柔的一面迷惑了這些女球迷。

後來這支職業棒球隊也出現了一位足以與L分庭抗禮的全壘打王H，他對於棒球隊的貢獻絕不亞於L，可是，他的女性球迷却沒有L多，原因是他沒有令人感到迷惑的溫柔一面。

換言之，除了剛毅、強壯的外貌外，男性內在還必須有溫柔的一面，這樣才會討女性喜愛，也因此，L的性魅力至今未衰。

其十　要懂得喝酒的方法

男性喝酒而能始終保持風度，最容易獲得女性的好評，她們會說：

「那個男人眞迷人。」

你必定要懂得喝酒，不僅喝酒的姿態俐落、漂亮，而且不會隨便亂喝酒，因此絕不會因爲喝多了酒而露出醜態，這種人也可形容爲「酒品良好」。

有人認爲自己的酒量很好，於是把酒當茶喝，這樣的人最後一定會被酒害了，因爲卽使你的體質不畏酒精，但人終究是動物，而肝臟也是一般動物的肝臟，喝多了還是會醉。有人還把宿醉第二天的感覺形容爲下地獄，但也有人認爲：

「宿醉也只有他自己痛苦，因爲是他自己播的種，如果不麻煩到他人倒無所謂。」

其實不然。宿醉是會影響到第二天的工作，而現在這個社會上的工作，多半不是一個人能獨立進行，往往需要與他人合作、協調，所以，還是會麻煩到其他人。

符合時代要求的能幹男性，必要時他可以每天喝酒，但是他絕不會醉到足以影響第二天的工作，因爲他會儘量避免宿醉。不知你是否也發現到，唯有秉持這樣的態度，才是能成大事的男性。

只喝酒每個人都可能會醉，並且醉了就會更想再多喝幾杯，所以及時煞車是很難的。然而，唯有能夠克服這種困難的人，第二天才有可能把工作做好，即是，工作能夠勝任愉快的人，通常都是能夠克服這種困境的人。

和女性在一起喝酒時，最重要的也是要避免喝醉酒。你要喝到可以維持飄飄欲仙的舒適感，但同時也要控制期望更醉的心。如果你能做到這一點，適量的酒必定會使你的腦筋更靈敏，如此你不但能以恰當的談吐讓對方感到愉快，也不會因喝太多而說出傻話。因此，上等的酒品也是男性魅力之一，它可以幫助你抓住女人心。

也許你已經知道，女性最討厭的，就是下流、吝嗇及醉酒的男性。

以上是具備男性性魅力的十大要件，簡單地說，就是要有男性氣概式的英俊、結實的體型、擁有比實際年齡年輕的活力、喜愛並擁有使女性銷魂的性愛技巧、在智力及經濟力方面都充滿男性的力感、擁有好女人爲妻或情人、做事果敢而能幹、無論是娛樂或事業，都有認爲對的就一賭勝負的決斷力、懂得剛柔並濟的原則、了解喝酒的方式，也有良好的酒品等。

如果在以上十項要件中，你自信已具備了五項以上的要件，那麼，你要成爲具有性魅力的男性，可謂已大有希望了。

2.能征服工作就能征服女人

工作與女人有很多共同點

筆者有個高中同學現在是某大貿易公司的人事課長，前些時候我們碰了面，一起進餐時他談到了公司裏的人事，然後若有所思地說：

「公司裏有個同事十分擅長搞戀愛關係，偏偏他的工作又做得很好，眞拿他沒辦法。」

「哦！能玩又能做事？這種人不錯嘛！一般拿薪水過日子的人愛玩女人，不是在工作上都比較會打馬虎眼嗎？」

「不見得吧？」

這個老同學做勢阻止我開口，接著又說下去？

「如果亂搞女人的事馬上就露出馬脚，這種人的工作成績的確也很差，恐怕連當企劃都不夠格。我所佩服的這個人，他雖然在公司裏搞女人，可是他從來不會露出馬脚，做得非常漂亮。我會知道他的情形，是因爲我們都是同期進入公司交情一直都很好。」

這是一個朋友提供的意見，他認爲會玩女人的男人，其工作能力必定也很強，對於這種說法你的意見如何呢？

筆者的看法是——工作能力很強的男性，必定也能夠征服女人。

要說服一個女人，並且獲得她的首肯，男人需要有足夠打動對方的能力，亦即你要了解被說服者的心情，然後決定自己的對策，將對方帶入自己的生活步調中，這一點在工作上可謂大同小異。

簡言之，你要先了解對方的心意，透視對方的希望，假如你缺少這種洞悉力，不論是談生意或推銷，都不會很順利。

而要讓對方動心，首先必須要有熱心及誠意，還有能夠達意的說話技巧；熱誠與語言技巧乃是說服他人不可或缺的要件，只會甜言蜜語的男性，必然吸引不了聰明的女性，工作亦不例外。

當然，一個能幹的男性，除了智慧與說話技巧外，一定要有絕對能夠把事情做好的信念，以及雙倍於他人的熱誠。

不能說服女人的男性必不能勝任工作

某個外商投資的出版社，在新進人員講習的最後一天，突然提出了讓所有新進人員睜大眼而不知所措的考題——

說服顧客的要訣，和說服女人是一樣的。

「從現在開始的三個小時內，你們都到街上去找個女朋友，然後把她們帶到這裏來。」

提出這個考題的時間是下午五點。

這家公司就位於最熱鬧的市區街上，傍晚出來逛街的女性非常多，所以要尋找目標並不困難。當時參與講習的新進人員有十七人，可是在經過三個小時後，亦即是晚上八點能得意地將女友帶來公司的，只有四個人。當然，負責人早已規定不可將原來的女友當目標帶來。

爲什麼這家出版社要做這樣的測驗呢？這是因爲他們招考新進人員的主要目的，是要推銷即將出版的百科辭典。亦即這些新進人員必須能夠讓路人停下來兩分鐘，並且在兩分鐘內使對方動心，而有進一步了解產品內容的意欲。他們要積極做好這一份工作，當然先要有在街上向女孩子說話的勇氣，其次是說服的技巧與熱誠。

那麼，這四個合格的新進人員，後來對公司的貢獻如何呢？據說他們都各自憑藉著自己的經歷與口才，創下不亞於資深推銷員的工作實績，令公司主管非常滿意。

從這個例子可以看出來，凡是對女人有辦法的男性，對於工作必定也有辦法。相反的，連一個女人也無法說服的男性，通常也都無法愉快地勝任工作。

半年前，有個三十一歲的單身男性，到我的醫療中心來接受包莖手術，他說：

「我非常喜歡女人，可是，我到現在還不曾向特定的對象進攻過。」

我注意到他的眼神無精打采，而且一副沒有自信的模樣，至少他在我眼中是如此，像這樣的人怎麼可能在工作上有所表現？當然在女性眼中是更不用說了。

身為一個男子漢，對於女性務必要積極果敢，要有不畏懼失敗的精神，如此，道路自然會順利地在你面前擴展。至少截至目前為止，我從未見過對女人完全沒有膽量，而在事業上卻有優異表現的男性。

神秘也是征服工作與女人的要訣

「哦！我最喜歡神秘的男人。」

有很多年輕的女性如此說。這裏所謂的神秘，是指不容易了解，讓你猜不透他內心的男性。據我所知，這種有點神秘的男性非常受女性歡迎，同時在工作上也都十分能幹，這是爲什麼呢？

我們都知道，使用臂力工作的藍領階級，其工作內容遠不如需要動腦及嚴密思考力的白領階級複雜。尤其是男人與男人在工作上進行洽商時，往往需要互相看對方的臉色，以確定對方心裏到底在想些什麼，這時，就需要樸克臉或心機等高度的精神藝術了。

因此，徒然擁有臂力而腦筋簡單的男性，很快就會被企業界所淘汰，往往一遇到考驗卽一敗塗地。相對的，深藏不露的人通常都能生存下來，而這種複雜性與深度，卽是在商場上打勝仗的武器。因爲，太輕易讓對方摸清自己的底牌，只會使自己更快被呑沒。

過去曾經在我的醫療中心當護士的S小姐，有一次兩眼發亮地對我說：

「醫師，我戀愛了。」

對方是她在一家餐廳認識的二十七、八歲男性，相貌不錯，但是比他的相貌更吸引S小姐的，却是他豐富的話題及機智，所以，只約會兩次，她就深深爲他著迷，她如此敍述：

「怎麼說呢……對了，好像他的腦海中有很多抽屜，第一次約會我們就談了四個小時，本來我以爲自己已完全知道他的底細，可是第二次約會時，他又打開了另一個抽屜，好像他的腦子裏有無數個寶庫，眞叫人著迷，於是這種著迷就變成了愛的火焰……哇！太棒了，這種男人眞會令人瘋狂。」

這個年輕人是一流企業的公共關係人員，據說他進入該公司不久，便從同事中脫穎而出，成爲公關部門的主管。

可見深藏不露也是征服工作及女人的秘訣之一。

要能夠機敏地掌握機先

接著，讓我們更具體地來研究工作與女人的共同點。

第一個可以列舉出來的就是時機。譬如你邀請某位女性，她很高興地答應與你約會。

於是，傍晚時分兩人就在公園裏見面，併肩散步，接著就到餐廳進餐，等兩人的情緒都鬆弛下來了，你就請她喝香檳，兩杯酒下腹後，情緒已相當高昂，這表示機會來了，於是你就悄悄在她耳邊說：

「我從第一次看見妳，就深深地爲妳著迷……」

這時，她因爲喝酒而泛紅的雙頰，必定會更紅。

當然，任何事情都是一步步按照順序進展的。想要獲取女人的歡心，更是要掌握時機，假定你和她在公園見面不到十分鐘，你就焦躁地向她示愛，她一定會覺得你這個人既沒有情調又魯莽。

其次，在喝酒的時候可以說些刺激想像力的話，但如果你所選擇的時機錯誤，不但不易達成目的，甚至連原先累積的效果，也如同退潮般一下子卽煙消雲散。

譬如雙方都有點飄飄然時，你就站起來邀請她跳舞，在跳舞當中，你一直想著如何把自己的心意告訴她，但因爲躊躇說不出口，一曲終了，你只好帶著她回到座位上。

由於想說的話沒有說，你會愈來愈焦躁，等到夜深，準備離去時，你好不容易鼓起勇氣在她耳邊說了你想說的話，這時，她會愉快地接受你的要求嗎？我相信答案一定是否定的，她可能會嘲笑你未能掌握時機，也可能只是冷淡地表示：「不，謝了。」

因爲，當她與你相擁翩翩起舞時，她內心必定也期待著你在她耳邊說些甜言蜜語，或者提出她正等待著的要求，可是一直到舞曲終了，你始終默不作聲，這時，她原本燃燒的心必然會急速冷却。換句話說，只要失去了一次機會，以後要再來一次就更加困難了。

工作也完全一樣，譬如開會時應該在什麼時候把自己的計劃提出，洽商時應該在什麼時候把最重要的要求提出，或者在推銷時在什麼時機掀出王牌能夠發揮最大效果等，須知卽使是再高明的構想或再漂亮的王牌，如果運用的時機不對，一切效果都會褪色。

因此，能夠敏感而準確掌握時機的男性，一定能夠在事業或工作上有所作爲，同時也一定能夠順利地說服女人。

快速的行動可製造最佳效果

女人和工作的第二個共同點，就是要勤於照顧。譬如在忙碌萬分的現代社會裏，電話乃是效率最高的溝通利器，重點就在於你如何利用它，愈是清楚了解電話優點的男性，愈有發展的可能。

譬如國內以能幹著名的商業人才——J公司的副董事G先生，即是以擅長利用電話而著名的人物。據說，他一天大部份的時間都用在打電話上，以至於人們都笑說他的手指一定長了電話繭。

然而，商場上的事，本來就不可能在一次接洽中就輕易地完成，除了事前要做大致的洽商外，事後往往也需要追加檢討，這是常識。因此，爲了要使事情更切實順利地進展，一定要多次與對方溝通，而這種時候最具有效率的工具，就是電話。如果只是在那兒等，任何事情都不會有進展的。

某汽車銷售公司的營業經理R，從早上九點到下午五點之間，大約要打八十幾通電話，其中約五十通是打給顧客，詢問顧客買車後有無問題，或者建議顧客該更換那一種車；顧客的家人生日時，也打個電話去祝賀，同時要花店送束花去；或顧客的家人因受傷、生病而住院，則打個電話慰問，甚而親自到醫院去。

電話對工作及女人
都是效率極高的武器

R先生非常勤於做這些關照，與顧客之間的情感連繫非常好，而這些全都關係到下一次的商業活動。如果一個企業人連這種富有變化的溝通方式都不會利用，當然不會有好的業績。

話說回來，像這樣的電話利用術，對於女人一樣有效。譬如你說服一位女性每隔十天與你約會一次，而她答應了，這表示你對她頗有吸引力，可是，她對於與你約會却從不曾有更熱情的表現，這種情況下，問題顯然是出在男性身上。

換言之，你每隔十天與她約會一次，可是對於她在其餘九天是如何度過却不關心，這是迫切需要改善的地方。

女孩子通常不會拒絕不討厭的男性打電話來，有時接到這樣的電話還會很興奮，因爲這表示你關心她，對於經常和自己連繫的男性，女孩子通常都抱有好感。

縱然你和她是每隔一段時間見一次面，只要經常在未見面的日子裏打電話給她，略表關懷之意，必定能因此成爲戀愛的勝利者。

沒有決斷力的男人最差勁

女人與工作的第三個共同點，就是需要你的強硬主張。

在企業界裏，會被公認爲很能幹的男性，大部分都擁有強烈的個性。首先要有優秀的決斷力，其次是善於掌握主導權，最後是優秀的交涉能力。

譬如在促銷會議裏，主管要求三名同級的部下提出推銷的構想，結果，三個人分別提出了一個建議，這三個意見都擁有無法分辨優劣的特色，現在主管該怎麼辦呢？

在這種時候，屬下可以對猶豫不決的主管，技巧性地施加壓力，這才是能幹的屬下應有的作法。如果你認爲自己應保持沈默，等主管做最後的決定，才是屬下應有的禮貌，那麼我要說的是，你的腦筋是比較平庸的。

因爲，主管爲了做決定而煩惱時，他的心思通常都很紊亂，正需要他人提供一些意見，而屬下應該掌握這種極微妙的機會。

切實地說，你應該即刻伸出援手，當場便掌握主導權，這是強者應有的態度，明確肯定自己的意見，吸引上司的心。須知，他雖然是個上司，但是當他無法做決定時，他也一樣是個凡人，他的心依舊在迷惑，這時你就該替他做決定，讓他走向你所期望的路。

如果你不能掌握這種主導權，你就不能說是能幹的人。

交女朋友時，及時掌握主導權也是非常重要的。

「他這個人是不錯，可惜太優柔寡斷了。常常在約會時，一面走一面問我要到那裏去，如果我說隨便那兒都好，他就會在那裏逛來逛去，無法決定到底要幹什麼。其實，不管那兒都不重要，只要他不浪費時間，有個帶我去那裏的主意就行了。」

如果你的女朋友在背後如此批評你，不難想像你在工作上必定也相差無幾。

女人需要一個有主導意識的男人，擁有可以領導她的堅強與自信，否則，她絕不會被你征服。

讚美是征服工作與女人的最佳利器

工作與女人的最後一個共同點，就是你要懂得讚美的方法。

所謂的讚美，並不是要你奉承，而是要你眞正爲對方的優點所感而予以讚美。

在工作上經常要與各種人接觸，而每個人一定都有其優點與缺點，當然你自己也不例外，所以，對於他人的缺點，如果你老是迂迴地攻擊，或者動不動就提一下，對於優點則裝著沒看見，如此，你在公司裏的人際關係絕不會有任何發展，甚至在對外交涉時也不會有很好的溝通。

某個中型企業的課長在分派屬下的工作時，一定會先讚美屬下的優點，然後才說出自己的期望或要求。譬如他會對屬下A說：

「唔，你的辦事效率很高，這項工作最適合你！」

或者對屬下B說：

「我有一份工作正好可以發揮你流利的文筆，只要在下班以前完成卽可，應該可以幫我這個忙吧？」

他絕不會對A說：

「喂，我先叮嚀啦，你可不要再慌慌張張地，辦事一點都不牢靠！」

或者指出B的缺點：

「拜託，不要再像以前一樣老是拖時間！」

這就是這位課長的特點，他從來不提屬下的缺點，所以屬下對這位課長都十分敬愛，都能儘量發揮自己的工作能力。因而，公司主管對於這位課長的評價也非常高。

又如洽商時，能夠保持工作效率的人會向對方說：

「如果像你這麼能幹的人能到我們公司來，我們公司的業績一定會更高。」

相信沒有一個人在受到稱讚時還會發脾氣，因爲稱讚能使對方與你產生共鳴，使彼此之間的溝通更密切。不過，有關讚美的效果，女人遠比工作容易達成目的。

對於女性是否喜歡讚美，只要在約會時試試便知。你要找到她的優點並集中讚美，對方的態度往往會立刻改變。

「妳的大腿曲線眞美。」

「看到妳的笑容，我的心都快溶化了。」

有個青年企圖如此說服一位女性，可是却被對方甩掉了，原因是他雖然讚美了她，却沒有及時稱讚對方對於服飾、髮型及化粧的眼光。

卽使是再細微的事情，女人都等待著男人的稱讚，因此，如果約會幾次却始終沒有說一些讚美的話，她的心花是絕不會爲你綻放。

酒席往往是另一個工作場所

接著，讓我們改變一個角度，來看看能幹男性對於工作、酒與女人的觀點。

我們知道，男人談生意的時候都離不開酒席，更甚者，酒席往往成了工作的延長，也卽是另一個工作場所。當然，爲公事而喝酒與私人喝酒的情形是不可相提並論的。

如果你想要在公司裏獲得能幹者的評價，就需要了解這點。一個能幹的商業人才，不可忽略的就是酒席上應有的認識。

譬如公司裏舉行了一個酒宴，老闆說了幾句話後便朗聲宣佈：

「大家不要拘束，自己動手吧！」

於是你就埋首猛吃猛喝，等喝醉了就向上司發牢騷，結果會如何呢？

某鋼鐵公司年底舉行酒會時，股長N喝醉了，竟然藉著酒膽向經理吼叫。

每逢年底公司都很忙碌，N非常疲倦，所以酒宴開始不到三十分鐘，已經喝得爛醉如泥，他站起來走近經理，表示要向經理敬酒，可是，經理却拒絕道：

「對不起，我的胃不大舒服，不能喝太多，你也少喝點吧！」

不料N已醉得失去理性，他立刻吼了出來：

「什麼？經理，你不接受我敬酒？」

酒會上原本非常熱鬧，經他一吼立刻變得靜悄悄地。這時，只見經理冷靜地說：

「你只喝這麼一會兒酒就醉成這個樣子？這樣的人還能當股長嗎？」

第二年春天人事調動時，N就被調到分公司去了。由此可知，即使是一個公司內部的酒會，公司主管一樣會將之視爲評鑑屬下的機會。

因此，酒宴在商業上是非常重要的，多數大企業的領導階層，都會在酒席上應付性地喝酒，他們的目的是觀察屬下的酒品。事實上，人們在喝酒的時候，都會因爲鬆懈而表露出本性來。

據說，某些大公司爲了觀察幹部們的個性，是否適合擔當管理或領導職，便連日舉行酒宴招待他們，以便進一步仔細觀察。

換句話說，就看你如何喝酒，即可決定你將來會不會成功。

喝酒的方法與原則

我認為在酒席上應注意的原則有如下五條——

㈠上司喝醉了屬下也要跟著醉。

不論是在那一種酒席上，包括飯店、酒吧、俱樂部等舉行的宴會在內，如果你的上司已經酩酊大醉，唯獨你還非常清醒，你就違反了第一個原則。如果你的上司問：

「咦！你怎麼沒有醉？」

就等於是在責備你。須知，在酒席上裝著很拘謹的屬下，只會徒然使上司看不順眼。不過，也不可以只喝一會兒就醉得一塌糊塗，要喝得恰到好處，並且不可以讓場面太冷清。

㈡不會喝酒也要接受三次敬酒。

如果你太拘謹而不通融，恐怕在工作方面也不會有什麼成就。譬如你不會喝酒，上司請你喝，你立刻搖擺著雙手說：「不，我不會喝。」這樣的人根本不夠格稱為企業人。

即使你是地位很低的職員，上司向你敬酒，你至少也要接受三次，即使是做做樣子也沒有關係，這樣你們之間的關係才會更密切。假定你連這一點都做不到，相信你在任何工作上都不會有

飲酒五大原則

(一) 上司喝醉了
屬下也要跟著醉

(二) 上司敬你酒
起碼要接受三次

(三) 在酒席上
要有意地奉承

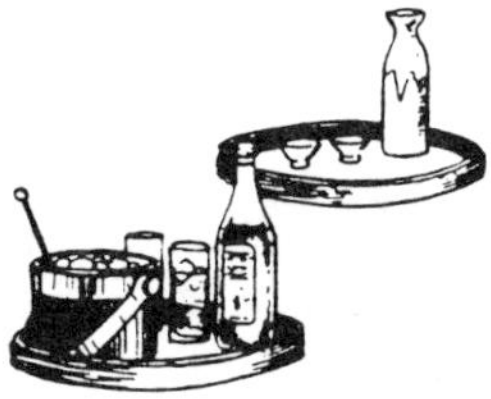

(四) 關懷上司的嗜好

(五) 不要比上司更多話

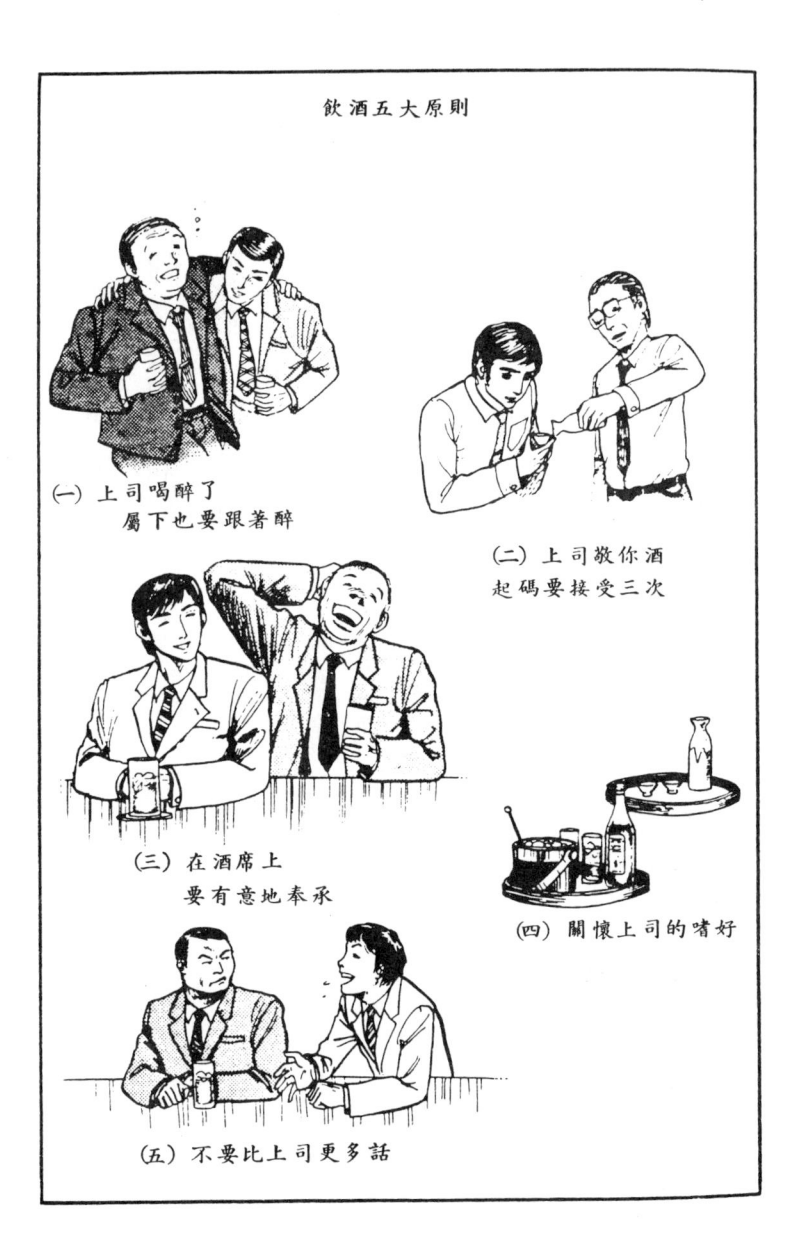

好的成績，有時眞正的「忍」也是非常重要的。

㈢在酒席上要有點奉承手段。

只要喝了酒，很多平時顯得嚴厲的上司，心情也會比較輕鬆，整個人看來也顯得親切些。這時如果你能借題發揮，適當地奉承幾句，上司可能會認爲你很可愛而樂意地接受，因爲，上司總是希望受屬下崇拜及敬愛。

至於奉承的方法，卽使是小事也沒有關係，因爲不須將他整個人格都抬起來。你可以說：

「唔，經理打麻將眞有魄力，我眞服了你！」

「課長，你最近換髮油啦？唔，我喜歡這種香味。」

「課長教訓得有理，說得好，我佩服極了。」

這樣就夠了。由於屬下的讚美，上司酒醉加心醉，心裏當然對你的評語也更好了。

㈣注意對方的嗜好。

「經理，你的酒太淡了，來來來，再加一點吧！」

說著就滴滴答答把威士忌倒入經理杯中，心中暗自竊喜掌握了表現的機會，其實，這種人最缺乏眼光。

小口喝稀釋得很淡的酒，必定是不大會喝酒的人，因爲他衡量自己的能力，才把酒稀釋成那樣。可是，你却在他的杯子裏一下子倒入很多酒，他想表示自己不能喝，然而，在酒席上這種話總是不好出口，何況，一個上司怎能在屬下面前服輸呢？

如果你懂得關懷上司，在工作上必定也能發揮高明的手腕。像上述的情形，你就不要在他杯中倒酒，而是要加入一些冰塊或冷水，一面細心觀察上司喝酒的速度，然後隔一段時間就爲他加點冰。如此，上司必定能察覺你的關懷心意，進而欣賞你的洞察力。

換句話說，懂得關懷他人的人，在工作上必定也有敏銳的洞悉力。

(五)不能比上司更多話。

所謂的上司，就是最喜歡在酒席上說話的人物，這一點是年輕的屬下所不可媲美的。是故，你必須耐著性子聽他說，卽使他沒完沒了，你也要貫徹聽衆的角色，這才是眞正優秀的屬下。

可惜有些人總是不自量力，喜歡和上司舌戰，其實做屬下的口才再好也不宜對上司發揮，因爲上司都習慣說給屬下聽，不喜歡聽屬下說話。

因此，多讓上司說話也是酒席上應有的禮貌。

能幹男性玩女人的方法

既然談到男性喝酒的方法，接著當然要談女人。

所有的男人都是在離開自己家時最開心，這是莎士比亞的名言。因爲一旦離開了自己的妻子，就可以高高興興地去風流一番，這幾乎可說是男人的通性。

要通曉女性的心理與想法

那麼，一個能幹的男性究竟該如何風流呢？

我有個好友是評論家，他對於男人風流的看法，倒是與我不謀而合，他認為——

「有一點非常明顯，即工作能幹而精力充沛的人，通常也是最風流最會玩的。不過，在外面玩女人而露出馬腳，以致造成家庭不合的人，這種人通常在工作上也不怎麼樣。其實，能夠背著妻子在外面風流而不讓妻子知道，可說是一種關懷妻子的表現。」

的確，一個能幹的男性，首先應該重視自己的城堡，也就是自己的家庭；先要愛自己的妻兒，因為家是生命的根本，如此才能安然專心投入於工作。相對的，家庭裏的風風雨雨一定會影響工作，像這樣的一家之主，往往也是最低級的。當然，我們不能說家庭有問題的人，其工作能力必定很差，但可以肯定的是，家庭和樂的男人一定能將工作勝任愉快。

不過，卽使你是懂得七十二變的孫悟空，也無法逃出如來佛的手掌心，不管你跑得多遠亦不例外，而這裏所謂的如來佛手掌心，卽是指妻子。

一位以玩女人出名的企業家，曾經在一家夜總會的酒吧枱上，說出了幾句十分中肯的話，恰巧被我聽到了。他說：

「再會玩女人的男人，回家後都會覺得還是自己的妻子好。我到世界各國去玩過，但是，我總覺得還是自己的小海港最溫馨。」

他的意思是，唯有眞正玩過的男人，才會知道自己的妻子有多好。也許女性讀者看到這兒會覺得無稽，然而，這却是男人的眞心話啊！

從女人身上獲得取悅女人的經驗

或謂男人風流也有它的好處。前面述及的評論家，就曾經向我發表這樣的高見：

「所有的男人都一樣，希望終其一生能夠和很多女人交歡，所以，他們會在自己能夠做到的範圍內，和妻子以外的幾個女人發生關係。唯有這種欲望獲得了某程度的滿足，男人才能穩定下來專心地工作，同時，其人際關係也會很順利。相反的，想要玩女人而做不到，身上既沒有錢也沒有機會，這種不滿會逐漸累積下來，結果當然連工作也做不好。」

我認爲還有一點也不容忽略，即如果一個男人認識了十個女人，他就會學到十種取悅女人的方法，而這些經驗便成了取悅妻子的寶庫。也即是說，男人在外面尋歡作樂的同時，還是會把最重要的經驗帶回家來獻給妻子，只不過，這種男人還須要有不露出馬脚的狡猾才行。

其實，我並不贊成男人在外面胡搞，但身爲一個富有性魅力的男性，要完全不變心、不逢場作戲，可說非常困難。何況，如果你是有精力及機會，却沒有勇氣吃腥時，那麽你在工作上必定也沒有克服困難的能力。

無論如何，玩女人乃是了解女人的途徑之一，借此你可以更了解自己妻子的辛苦與需求，或許你會因此變得更溫柔，更能夠看清妻子對自己的重要性。

大致上說來，男人所認識的女人愈多，往往會更珍視自己的妻子，至少賢明的男人都是如此。換言之，男人玩女人的確有實際效用，縱然女人爲此一再責備你，却也不可抹煞此一事實。

女人期待生命力强韌的男性

「對女人而言，男人只是能掛住愛情的釘子。」

這是安德烈・紀德所言。也許我們可以如此詮釋——縱然是再牢靠、可愛、美麗的釘子，也只是短時間受器重，以便女人將名之爲愛的衣服掛在上面而已。

然而，這也是男人所希望的，因爲唯有將戀愛與風流全都視爲一種遊戲，人生才會充滿愉悅。

某大電腦公司的營業課長K先生，是個平時就愛說大話的人，而且他常喜歡玩女人，據他自己所言，這個世界上他最喜歡的就是女人、酒及工作。

「我很重視和女人的邂逅，而且，我不會在邂逅之後立刻進攻，不過我也絕不會失去機會。一般邂逅的場所包括各種宴會、舞會及餐廳等，首先我需有極佳的談吐，然後約定下次見面。假定我有四家常去的餐廳，每家餐廳都認識四個女人，那麽，我等於同時和十六個女人交往。玩女人有一個重點——認識了就不要急，要慢慢地從交往中加強印象，也就是要先播種，假如一次播下十六個種子，總會有二、三個種子發芽。」

根據K的說法，玩女人最有趣的部分，就是同時和幾個女人保持若卽若離的交往，如果和每個女人都保持熱烈而長期的關係，就會阻碍下一個遊戲的機會，同時也會影響到自己的家庭，甚至傷害到自己的妻兒。

說得徹底些，如果因一時風流而破壞了家庭和諧，那麽，你就不能說是會玩的男人。

K先生就因爲有如此高明的風流哲學，所以他在女人之間非常受歡迎。可是，他受女人歡迎的眞正原因究竟是什麽呢？他自己如此分析：

「我雖然聲稱女人第一，酒第二，工作第三，但是，在工作時我是近乎賭命，我自覺耗費在工作上的精力絕不亞於任何人，所以，在公司裏經常都很忙碌；我專心於工作，同時也專心於玩女人。」

換句話說，懂得工作藝術的男性，通常也都能專心於玩女人和喝酒，而這種精力與熱力都是女人最敏感也最容易了解的，因此，K先生才會深受女性愛慕。因爲，女人都酷愛生命力強韌的男人。

不論你是否贊同這種說法，在這個社會上，懂得如何正確玩女人的男人並不算少。

3.男性的性魅力與史實的證明

日本歷史上的著名美男子——在原業平

由於各國國情不同，加上我國傳統的保守觀念，極忌諱對歷史上的人物或現代名人做私生活的批評，而筆者也不願被掛上人身攻擊或毀謗的罪名，所以，我在這兒所列舉出來的，都不是本國人的例子。其次，由於筆者曾留學日本多年，對日本的一些歷史人物頗多涉獵，加上日本人物風情多具色彩，甚至日本人也以此爲傲，頗符合筆者著作本書的精神，是故，這一章中所擧多半是我們的鄰國——日本人的實例。

在日本的歷史人物中，最受女性歡迎的代表性美男子，就是藤原時代的在原業平。有種說法是，他一生當中至少和三千名女性發生過關係，由於年代湮遠，已無法證明。

在原業平是當時的貴族，也是典型溫柔派的美男子，但根據文獻的記載，他並不是那種瘦弱型的小白臉，而是一個具有男性氣概的男子漢。據說，他曾一度因當權者的計謀而被免官，但他擁有不輕易屈服於當權者氣勢的鬥志，於是在大殿上予以反擊。

在日本當時的貴族社會裏，自由戀愛的風氣十分盛行，所以擁有美貌的貴族極易獲得女子青睞。

那麼，女性愛慕他，是否就因爲他是個美男子呢？其實不然，主因是他擁有敢於抗拒權勢的男性氣概，表面看來文質彬彬，其實內在意志堅強而有骨氣。在貴族社會多的是沒有骨氣的美男子，相形之下，業平的條件當然很特殊。

其次，據說在原業平對於和自己有關係的女人，不論是在物質或精神上都很公平。

我想，這一點可能才是業平受女性歡迎的主因，他以眞情對待每一個和自己接觸的女人，分手時必定贈予珍貴的禮物。這一點現代的花花公子都應該學習。

換句話說，你不可因爲自己有一張漂亮的臉孔和數不盡的鈔票，就自信可以征服所有的女人，這種想法是錯誤的，眞摰的熱情，才是女人眞正渴望的。

後醍醐天皇得以完成建武中興的秘密

在日本歷代的天皇中，對於女人最有辦法的，就是完成建武中興的後醍醐天皇（日本第九十六代天皇，在位二十一年。一二八八～一三三九）。

根據日本歷史的記載，後醍醐天皇一生當中的后妃有十五人，共生下了皇子十五人，皇女十九人，可謂相當厲害。不過，這只是公開記載的數字，實際上他可能還有更多的寵妃及子女。

這表示他的精力非常充沛，具有強韌的生命力，才能完成政治上不可抹滅的功績。

當時是日本的戰國時代，武將北條氏的權力非常大，天皇形同傀儡，但後醍醐天皇擊敗了北條氏，使得權力得以再度回到天皇手上。在這段期間，他更進一步控制了所有著名的武將，推翻了武將專政時代，實現王政復古。

後來由於足利尊氏謀反，天皇的政權再度被武人搶走，日本遂長期陷入武人專政的局面。

當然，這位足利尊氏的天下並不長久，而他的妻妾也只爲他生下五個孩子。俗話說「英雄好色」，但不論是這位足利尊氏，或者後來曾輝煌一時的上彬謙信（戰國武將，爲越後、甲賀等地的領主，善於謀略。一五三〇～一五七八）、織田信長（戰國武將，與德川家康爭奪幕府將軍之權）等，在女性關係方面都不及後醍醐天皇厲害。

假如說「能完成大事業的男性，在性的方面必定也很強韌」這種說法是肯定的，那麼，後醍醐天皇應當就是最好的例子。也許有人會說：「只要有很多妻妾，無論誰都可以生很多孩子。」可是，我國歷代的皇帝不都是後宮佳麗三千人嗎？何以不曾聽說他們子孫遍及天下呢？

無論如何，一個男人在性方面的精力旺盛與否，往往與其事業有著極密切的關係，這一點可謂古今中外都一樣，讀者們只要多想想，應該都可以找出很多實例。

受敵將妻女愛慕的武田信玄

在日本戰國時代的武將當中，曾因女性關係而引起其他武將憎恨的，就是武田信玄（戰國時代武將，於一五四一年繼承父業成為甲斐國之主，後來與織田信長決勝負時病歿於軍中。一五二一～一五七三）。

信玄把自己所討伐的敵將妻女都征服了，而戰國時代的日本女人，通常都抱持著「與其被敵人蹂躪，不如保持名節自殺」的信念，因此，信玄能夠征服她們，並且讓她們喜歡自己，就表示他一定有著異乎常人的能力。說得清楚些，就是他一定充滿了男性化的魅力，所以女人才會放棄比自己生命更重要的名節而愛慕他。

另外值得一提的是，信玄非常重視人際關係，亦即他很重視屬下與自己的連繫，因此，武田軍一向以團結著名，連後來德川家康要組織德川軍時，也極力以武田信玄的方法為規範。

換個角度說，武田信玄對於身爲大將的自己充滿了信心，所以他縱橫沙場的銳氣可謂無人堪與匹敵。當然，他是個名符其實的獨裁者，但相當能掌握屬下的心，是屬於粗中有細的領導人物，所以，無論是男人或女人都一心向著他。

又，武田信玄不僅是著名的武將，同時也是個書法名人，在繪畫方面也小有名氣，又擅於作詩。據說，他從小就很少哭泣，但在傷心的時候，他就嚎啕大哭，是個性情中人，極富感性。

和另一名武將上杉謙信展開川中島之戰時，他採取了長達一百五十天的持久戰，因而有「不動如山」之稱。他一直堅持到適當的時機，並深信做不到這一點就不是眞正的戰術家。換句話說

連敵將之妻也征服了的男人中的男人信玄

，他是要讓當時的群雄了解，唯有能做到他人所做不到的，才是眞正的英雄。

同樣地，只懂得攻擊的武將，對於女人必定只會使用暴力，根本不會保護她們。因此，連敵將妻女的芳心都能擄獲的武田信玄，可說才是眞正具有性魅力的男性。

家康以平民之女為妾的理由

男人要在社會上獲得成功的主要條件之一，就是懂得如何巧妙控制並管理女人。在日本歷史上，最能讓人鮮明體會到這一點的，就是樹立了三百年德川政權的幕府大將軍——德川家康。

首先我要提到的是，家康對於女人的看法非常獨特；不論是與他爭奪將軍地位的織田信長或豐臣秀吉，他們選擇妻妾的第一個條件，是名門出身，因爲一名武將不但能以此自豪，有時也可利用在政略上。

可是，家康却不這麼做，他的側室（妃妾）全是平凡的庶民之女，甚至是武士的寡婦，以至於有些後世的歷史學家，批評他對女人方面的品味不佳。我認爲，這些歷史學家會做如是判斷，乃是因爲他們不了解家康的心理與用意。

我們先來看娶名門閨秀爲妻的織田信長和豐臣秀吉吧！信長過世之後，原本就感情不睦的兩個兒子信雄與信孝，很快便藉故反目成仇，造成織田軍的分裂；而兩兄弟不睦的根本原因，就在於「我的母親出身比你更高」，亦卽他們的母親分別都是名門閨秀。

那麼，三人當中最先取得天下的秀吉又如何呢？秀吉曾經替信長提過鞋子，出身相當卑微，所以，有關女人的嗜好就像暴發戶一樣，一定要貴族出身，包括織田信長的女兒淀君、前田利家的女兒（也是權極一時的戰國武將）、名門京極家的女兒等。

其實，秀吉會把後來背叛他的狡智武將石田三成留在身邊，完全是他太寵愛淀君所致，可說關之原會戰（日本歷史上一次著名戰役，豐臣幕府因此沒落）的緒端卽是因此展開的，後來終於演變爲豐臣家滅亡之因。這就是對於女性的管理不當，終而毀滅了自己——在我國的歷史上，因美女而亡國的君王亦非少數，因此，「英雄難過美人關」也成了男性自嘲的格言。

秘訣在「愛女人而不耽溺於女色」

德川家康的第一個側室是西郡之局，她的父親是西郡城主。而他的第二個側室阿萬，則是正室築山的侍女，由於納阿萬爲側室，家康始明瞭女人善妬的事實。

築山是當時權大勢大的著名武將——今川義元的姪女，由於從小的嬌縱養成了她盛氣凌人的個性。自阿萬被家康納爲側室後，築山就經常親自對阿萬用刑，至此，家康便改變了對女人的看法。

他認爲家世愈好的女人妬嫉心愈強，對於丈夫的獨占欲也更強烈，因此，他不再對家世好的女人感興趣；他悟出男人可以愛女人，但絕不可受女色影響。

愛女人而不耽溺於女色

其後，他選了一名下級武士的寡婦於愛爲側室，而她即是第二代將軍秀忠的母親。

自築山去世後，家康一直沒有再立正室，後來因秀吉所迫，娶了秀吉年老病重的妹妹朝日姫爲正室，但這也只是名目上的政治婚姻。

說得清楚些，家康和朝日姫並沒有夫妻之實，當然，原因之一是她健康不佳，但最重要的是他不想重演築山的故事。不過，他一直對朝日姫很客氣，她病死後，仍然以正室之禮舉行隆重的葬禮，並爲她蓋了一座漂亮的墳墓。

終家康一生，他至少納了十五名側室，而他對每一名側室都非常照顧，且頗能公平對待；所以，他的側室之間從未因嫉妬而發生糾紛，也沒有發生過子女之間的爭執。

無論如何，你可以盡可能去愛女人，但絕不可沈溺其中。歷史上有很多權極一時的男人因女人而自毀，原因就在於他們缺乏控制女人的能力。相反的，德川家康就是因爲懂得統御女人，所以他才能樹立長達三百年的德川幕府基石。

紀文的豪邁才是男性器量的最佳證明

日本江戶時代初期（西元一六〇三年～一八六七年），有一個叫紀伊國屋文左衞門的大商人，他既不是英雄也不是豪傑，但因爲他有極優異的商業才能，所以在很短的時間內就獲得了巨額財富。其實，由他令人激賞的人生逸事，或許可說他也是一種英傑。

日本人將紀伊國屋文左衞門簡稱爲紀文，有關於他的最著名插曲，是他將載滿了桔子的船開出海風吹襲的紀州海峽，繞到江戶去賣。不過，也有人認爲這件事根本就是後世戲劇家揑造的故事。

不論如何，爲紀文賺入最多財富，並非從紀州輸出的桔子，而是木材。據說，他包下了日本著名寺廟上野寬永寺的工程，然後從另一個地方運來木材，因而得到五萬兩金子的財富。當時的五萬兩金子，相當於我國現在的三億台幣。

接著要談到的就是紀文的器量。據說，他並沒有將這筆錢存入自己的錢庫，而是和身邊的人一齊把這筆錢花掉。

他包下了一家妓院，然後帶著自己的屬下關起妓院的大門，連夜玩樂。根據記載，當時包下一家妓院一晚，需要千兩的金子，如果換算爲現在的錢幣，則相當於六百萬台幣，而紀文却一連包了好幾天。

普通的商人得到了大錢，都會立刻變得很吝嗇，想要儲存更多的財產。因此，有很多女人都認爲，有錢人最吝嗇，也最惹人討厭，這似乎已變成了古今眞理，反而是不大富有的人最慷慨。

以這一點來看紀文的豪邁，的確有著令人心服的度量。他的作法好像在表示——賺了錢想玩女人就儘量玩，不要老是在腦中打算盤，否則就會玩得吝嗇。

不應吝嗇的時候吝嗇，這種人絕不會成爲大人物。雖然有些女人的確是可以用金錢釣到，但是，一個男人如果沒有眞正的器量，女人是不會眞心愛慕的。

日本人的好色已是舉世皆知的事實

在日本明治時代（西元一八六七年～一九一一年）的元勳當中，因玩女人而著名的人物，就是日本的第一任總理大臣伊藤博文（一八四一年～一九〇八年。明治時代大功臣，歷任四屆總理，爲甲午戰爭的日方和談全權代表）。

在他與女人的種種插曲中，最有趣的就是下面這一段。

有一天晚上，伊藤博文在一家餐館接受某財閥的招待，席上也召來了很多藝妓陪酒和表演節目。正當酒宴進行得非常熱鬧時，伊藤博文突然發覺坐在自己身邊的藝妓非常美，率直的他立刻提出了要求——

「哎，美麗的女人，今晚妳願意陪我睡嗎？」

這名藝妓望了望他，隨即高聲笑了出來，她答道：

「您說眞的嗎？像您這麼忙碌的人，怎麼這樣快就返裏我，眞是太光榮了。」

這裏所謂的「返裏」有寵召之意，乃日本花柳界的用語，意思是一再眷顧同一名藝妓。也就是說，博文才剛剛眷顧過這名藝妓，但他已經忘記了。由此可以推測，他不知和多少個女人共度過春宵。

由以上這段故事也可以看出，伊藤博文玩女人是非常公開的。據說，他的對象除了藝妓，還有朋友的妾、別人的妻子、婢女等，似乎只要是他看上的，根本不在意對方的身份。

明治維新之於日本，就像是步向近代化的橋樑，而且似乎在追求女色方面也是一樣，日本人的好色彷彿已是公開的事實。

大政治家對待女人的方法

對日本自民黨創立有功的三木武吉先生，在戰後第一次總選舉中參加競選，也曾留下如下一段有趣的插曲。

在一個爲競選而舉辦的演講會裏，三木先生的對手以其平時艷聞頻傳爲由攻擊他——

「我想不必直接道出姓名，各位也會知道我想說的是誰。這位與我出自同一縣的候選人，據說僅僅東京就有三個老婆，像這種不道德的人，倘若被選爲本縣的代表，豈不是更增添本縣的恥辱嗎？」

聽到這一段話，剛好也在現場的三木先生立刻站起來，他先看看在場的觀衆，然後說：

「方才他所說的候選人不是別人，一定是指敝人，但我一定要把事情弄清楚，說得徹底些就是我要更正，他剛才說我有三個老婆，其實不是三個，而是五個。」

整個會場原本靜悄悄的，經他這麼一說大家都忍不住哈哈大笑起來。停了一下，三木先生才接著說：

「自從高中畢業以後，就有幾位女士一再協助我，使我能夠獲得今天的地位……如今，這些女士的年紀已不復昔日，但只要她們有意依靠我，我絕不會因爲自己的方便而拋棄她們，換句話說，給予她們安全的生活保障乃是我的義務。」

他的話剛告一段落，聽衆就猛拍手。結果，三木先生果眞在這次總選中以高票當選。

或謂「好色的男人必定會成大器」，這位三木先生似乎正是最好的證明。

本田先生從玩藝妓中修得人生哲學

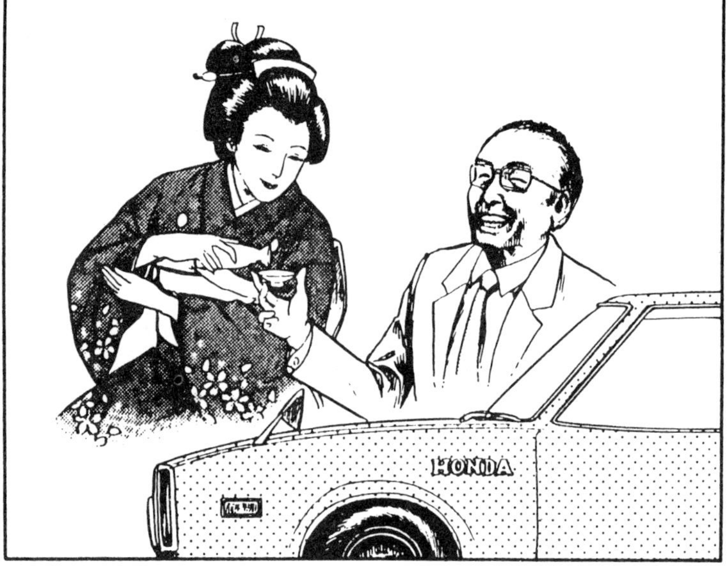

利用玩藝妓學習人生修養

接著要介紹的是日本實業界的一位大人物。

這位大人物目前還在這個世界上活躍，他就是本田技研工業的創立人本田宗一郎先生。

此人在日本卽因爲玩藝妓而著名，他曾經誇張地說：

「我的人生就是從玩藝妓中學來的。」

那麼，玩藝妓對他的人生究竟有何裨益呢？他如是解說：

「因爲藝妓是以服侍客人爲主的行業，但她們對於自己不喜歡的顧客，絕不會以眞情相待。要了解藝妓對自己的看法，就要仔細觀察她的臉色，培養出觀察藝妓的眼光。其次是必須賺夠了錢才能玩藝妓，免得辛勤的結果却不得藝妓歡迎，那豈不等於把錢扔進臭水溝裏？所以，先要研究並學會受歡迎的方法，而這一項研究有益於我的人生修養。」

據說，本田宗一郎先生結婚的時候，還把自己過去所認識的藝妓全都請到婚禮上來，讓其他參加婚禮的貴賓嚇一跳。其後，他爲父親舉行葬禮的時候，也請了三十名的藝妓到自己家中，讓唸經的和尚都睜大了眼睛。

然後，他讓和尚隨便唸一會兒經，就請藝妓開始表演，把整個葬禮辦得非常熱鬧，還表示：

「我相信這樣做會使家父更高興。」

由以上種種可知，他的確是個非常奇特的怪人。

受藝妓歡迎的男性，在事業上必定也會受工作夥伴歡迎，因而擁有良好的商業關係；這是這位仁兄的人生哲學，你是否也需要好好模仿呢？

當初，本田先生所擁有的只是鎮上一座小小的修理工廠，如今他已是舉世聞名的大企業家，他這種玩女人和創造事業的精力，的確值得我們敬仰，不是嗎？

4.重點在明瞭女人心

女人是渴望愛情的動物

十九世紀的丹麥哲學家吉爾凱高（Kierkeguard 1813～35 ）說過這麼一句話：

「女人的幸福就是遇見誘惑者。」

因此，男人所扮演的角色，就是站在女人面前的誘惑者。假如女人眞是渴望愛情的動物，製造愛之陷阱，就是男人的義務。如果你無力爲女人製造愛的陷阱，身爲男人不是太沒意義了？

接著再爲你介紹一位十九世紀哲人的名言——卽大哲學家尼采所說的話：

「男人眞正的愛好有二——危險與遊戲。男人喜歡和女人戀愛，因爲對男人而言，戀愛卽是最危險的遊戲。」

意味追求女人乃是男人的本能，故對男人而言，戀愛乃是人生最根本的遊戲。因此，有很多花花公子總是說：

「戀愛的樂趣並不是在追求到手之後，而是在追到手以前的過程。」

一位法國作家也說過：「只有在得不到某個女人時，男人才會爲女人狂熱。」

「究竟要如何爲女人製造愛的陷阱呢？首先要了解女人心，因爲戀愛乃是男人與女人的競技遊戲，是故要從掌握對方開始，這卽是製造愛之陷阱的先決條件。」

此處所要談論的重點，就是如何了解女人心。

女人一拒絕就退縮的是傻瓜

有個年輕人在追求一位美麗的女郎，第三次約會時，他終於順利地約她到情人街去，可是，正當他想把她帶入情人旅館時，她却以非常堅決的口氣說：「不要。」

也許是受女郎堅決拒絕的態度所影響，年輕人不知何故竟有些畏縮，連忙向她說「對不起」，隨卽離開了情人旅館。

實際上這位女郎是眞心不願意的嗎？如果男人堅持，她不會回心轉意嗎？

若是非常了解女人心並懂得說服女人的男人，看到這種情形一定會說：「這年輕人眞沒有用！」

「女人的 yes 或 no ，本來就是左右相連的一條路。」

這是一位作家所說的話。女人心十分微妙而複雜，因此，其矛盾處也非常多，卽使她是眞心不願意，但了解女人的高明男性，絕不會就此輕易離開。

要說服她時，你可以先摟著她的肩，然後手臂緩緩往下滑到腰部，只要她讓你摟著，你就有機會；因爲男人摟著女人的腰部可刺激其性機能，她會愈來愈興奮。

接著，你就像吹氣般向她的耳朵悄悄說：

「我們什麼也不做，只是我有些醉了，想要休息一下……」

對方一拒絕就放棄的是不及格的男人

這當然是假的，可是，有時明知是假的，却往往能夠發揮出乎意料的效果。當然，女人可能也明白這是假話，但因爲你說什麼也不做，就等於讓她對自己有了藉口，於是她會放下心來，這種心理是很微妙的。然後，她就會逐漸陷入無法說「不要」的氣氛中。

在這種情形下，女人的「不要」往往會變成「好」，原因是男人的謊話已爲她舖了路。在男人與女人的戀愛世界裏，即使女人眞的不願意，有辦法的男人還是能夠使她同意說「好」的。

「要追求女人，你只能有百分之五十的認眞，其餘的一半要採取開玩笑般的態度。」

這是一個花花公子所說的話。由這句

話中可以明瞭，太過於認眞的男人談戀愛，只怕永遠不會成功。

女人最怕男人的「粘」和「懇求」

有些男人相信，要追求女人，第一要用強，第二還是要用強。這裏所謂的強，是指以強硬的態度強迫女人接受。換言之，假定你得到了和意中人認識的機會，卽使她並不怎麼喜歡你，你也可以厚著臉皮採取強硬的態度。

「和我約會吧？小姐。」

「對不起，我已經和別人有約了。」

「哎呀！不要這麼絕情嘛，小姐……」

「不行。」

若是一般的男人，遇到這種情形都會不得不知難而退，但是，你也可以認為從這時候開始戰爭才要眞正展開。她不答應和你約會，你就展開電話攻勢，如果她還是拒絕也無所謂，你可以一再打電話給她，向她懇求，表明你的情意。

切記，卽使她拒絕了你三、四次也不要介意，不要當一回事，某位情場高手說過：

「女人只能對男人說一百次『不』！」

只要你一再使用強硬的厚臉皮攻勢，慢慢的女人就會屈服。當然，她可能是對於一再拒絕你的事實感到厭煩了，也可能是對於你能夠持續這種熱烈攻勢的耐性或精力感到折服，因而接受你。須知，男人持續性的熱烈攻勢，往往能滿足女人的虛榮心，這一點對於攻陷稱爲「女人」的城堡是很有效的。

換言之，女人最畏懼的就是男人的耐性與坦誠的懇求，尤其是還只差那麼一步時，男人誠懇的哀求，多半具有使女人瓦解防衛的特殊效果。

有個女孩因爲喝了過量的酒而飄飄欲仙，結果被認識不到三個小時的陌生男人帶進了旅館。她在床邊的沙發上醒了過來，發現整個情況後立刻以堅決的態度說：

「不，我要回去。」

孰知，男人却在沙發前面跪了下來，深深地向她行禮並一再哀求。

效力竟然產生，女孩乏力地跌回沙發座上，閉起眼睛聽任男子對她百般示愛。據她事後表示，當時她根本無法拒絕跪在眼前的男人那種衷心渴望的表情。

因此，絕不可在緊要關頭退縮，只要你坦誠地懇求，女人多半是無法拒絕。不過，自尊心太強的男人往往不懂如此應變，以至於總在最重要的關鍵功虧一簣。

男人的沈默會使女人心生恐懼

假設有個男人和他仰慕已久的女孩初次約會，地點是在餐廳裏。

兩人碰面後，男人就拚命地在女孩子面前製造話題，但逐漸地話愈來愈少，最後他就閉上了嘴巴。十秒、二十秒……沈默一直持續下去，他一直想要再說些什麼，可是却再也想不出新的話題，時間就這樣飛逝，而她也感到很尷尬，粉頸愈垂愈低。

這是對男人很不利的情況，因爲彼此還不了解對方，却已經有了這種令人尷尬的沈默時刻，女人心裏會如何想呢？

澳洲某位性科學專家表示：

「約會時男人能夠巧妙地繼續製造話題，會使女人在這段期間裏充滿幸福感。」

對於男人的沈默，女人會從心底採取嚴重抗拒的態度，這是女人的防衛本能；因爲沈默的男人會令她覺得害怕，使她產生恐懼。

第一次約會，女人在心情上通常很難鬆懈下來，而男人就有義務改善這種情況，你要以輕快而富有機智的話題引導談話，如是，女人才會認爲你是個可靠的男人。換句話說，如果你經常在約會時製造三十秒以上的沈默，你根本不夠格談戀愛。

因此，什麼樣的話題都可以，最好能繼續說話；在追求女性，這一點是非常重要的。

我常看到很多男人在初次約會時，總是裝著高高在上的樣子，很少說話，我認爲這種人卽使擁有英俊的外貌，也只能說是一個不懂女人的不成熟男性。

不要老是在約會時抬槓

「女人對於事物或人，通常不會以正確或錯誤來判斷好壞，而往往是以喜歡與否來判斷。」這是一位心理學家所言，我認爲這種說法很正確。

某布料工廠成立了一個只有女性成員的企劃研究班，當然，他們也有一個全是以男性爲主的企劃部門。有一天，一名男性參加了女性研究班所舉行的會議，事後他向同事發表感想：

「每次女性主管有了新的構想時，她就會徵求每一名成員的意見，而最常聽到的意見就是『

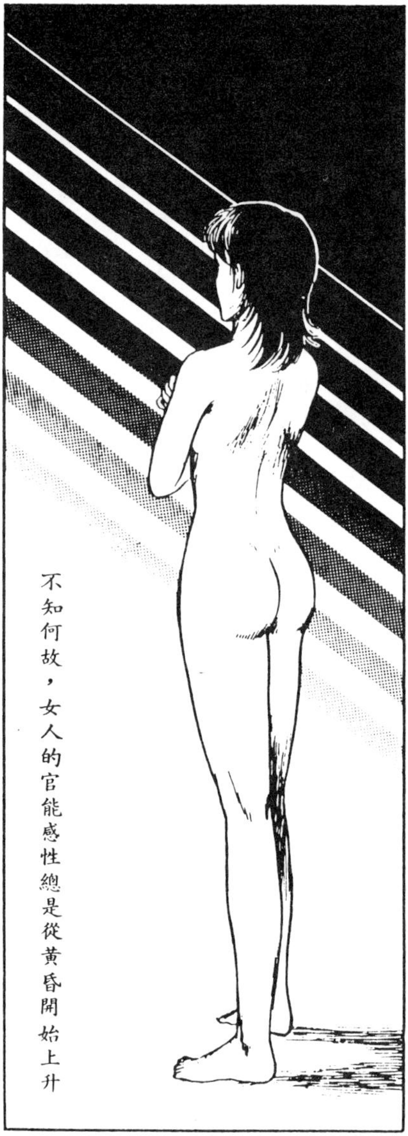

不知何故，女人的官能感性總是從黃昏開始上升

我喜歡這個部份，可是不喜歡……』沒有一個人是站在銷售戰略的立場上，來分析商品的效果或缺點，或是提出有創意的意見，所以，只有女人的企劃部門的確不同。」

由此可知，雖然女人的社會地位已提升了不少，可是，在這多半還由男性理論來推動一切的社會組織中，男人和女人永遠如同水與油。

說得徹底些，譬如女性職員因工作上的錯誤而受到主管責備時，女性職員通常不能提出相對性的理由，只會說「可是……」或「因爲……」，無法具體提出意見。有時，如果她沒有完整的理由，她還會非理性地反過來恨你，這可說是女性的特質之一。

所以，如果你有個非常喜歡的她，約會時絕不要和她抬槓，因爲女人一旦無法跟上男人的理論，最後必定會感情用事，如此一來，好不容易培養出來的氣氛豈不破壞殆盡？

十九世紀法國的馬蒙（Mormont）將軍曾說過這樣一句話：

「男人會把自己的思想告訴男人，可是却把自己的感情訴之於女人。」

你不可以把和男人談的話題，拿來和女人討論；和女人在一起，你只要多說一些情緒化的辭句即可，諸如——

「我眞喜歡妳，妳是個迷人的女人。」

「這個髮型的確很適合妳。」

「妳眞是個小可愛。」

女人絕不會因此不高興。

女人的感受性總是從黃昏開始高昂

有個性學專家認為：

「要說服女人，最好的時間是從黃昏到晚上。」

這裏所謂的黃昏是指日落以前，也許你會覺得早了些，但這種說法是有根據的，依據某項實驗統計的結果，女人的感受性以下午四點至晚上七點最高昂。

身為醫生的我非常同意這種說法，因為在人一天的生理週期當中，這個時間帶正是體溫會上升的時候；而且女性的體溫會比男性更顯著上升，以致身體因發熱而有點懶洋洋，性的需求也跟著高昂。

談到這兒，我不由得想起認識了十幾年的某餐廳女老闆，她就經常說：

「唉，黃昏時最善感了……」

她已經快四十歲了。從十幾歲的少女時代開始，她的平均體溫都在三十六度以下，可是到了太陽快下山的黃昏，她的體溫必定高達攝氏三十六・四度。偶爾她也會開玩笑般地跟我說：

「如果你在這種時候誘惑我……」

不知她是眞心話，或純粹只是玩笑；可惜的是，黃昏時分正好也是診所最忙碌的時候。

以上是有關女性感性與時間帶的問題，其次是有關色彩的特點。不知你是否知道有種顏色最容易使女人動情？那就是深紫色。

如果餐廳裏有個喜愛穿紫色衣服的女服務生，那正是最佳狩獵對象，你不妨試著誘惑看看。這是一位中年花花公子的說法，也許眞有某程度的根據呢！

根據我的分析，紫色乃是女人隱密處的顏色。尤其是陰道及大陰唇一帶，十幾歲的處女多半是美麗的粉紅色，但隨著年齡漸長，性經驗一多，其顏色就會加深，到三十歲左右時多半已是深紫色。

因此，成熟的女人對於紫色通常有兩種反應，一種是因爲羞恥心理而討厭這種顏色，一種是因爲會感到性興奮而喜愛它。

如果你看到成熟的女人穿著紫色衣裙，懶洋洋地走在夕陽下，或者無所事事地在街上閒逛，上前去搭訕吧，保證收穫豐碩。

利用女人的自我陶醉傾向

有一段時間，報紙上老提到家庭主婦對生活感到不滿的問題——丈夫因工作忙碌無暇理會她、孩子不聽話、無法和婆婆融洽相處等，由於種種的不滿，乾脆自己出去玩。

實際上這樣的家庭主婦現在還是很多，怪的是太太紅杏出牆了，做丈夫的却沒有什麼感覺或表現，這一點倒是頗令人心服。

由此可知，女人只要有藉口，不論是丈夫或情侶以外的男人都可以堂皇地上床；男人由於生理結構的不同，往往會有性衝動，卽有了性飢渴隨時都可以解決，但女人在這方面有一點差別，她們有用各種理由來掩飾眞正意圖的習性。

因此，如果你想邀請意中人上床，最高明的方法就是先爲她找個掩飾的藉口。譬如——

「我們的關係會發展到這種地步，是因爲妳天生熱情……」

「妳犧牲了自己的時間，在我喝醉的時候溫柔地照顧我，使我因感動而……」

你應了解女人全都是自戀狂

換句話說，你不能讓女人認爲是因爲兩人都想上床，於是很自然地便上床了。

關於這一點，我還要提出女人的另一種特質，那就是女人都有強烈的自我陶醉傾向。女人都是自戀狂，因而與女人發生種種關係時，都習慣拿自己當故事的主角。尤其是二十幾歲的女性，大約百分之九十九都有這種共通性。

是故，男人也可以將助長女人的這種願望當做一種義務。也因爲如此，自古以來人們都深信製造氣氛是征服女人的首要條件，你要讓她深信自己就是一個美麗的戀愛故事的主角。

你要懂得選擇舞台，也需要研究一下談話內容，然後用美酒讓她產生醉意，接著跳幾支能刺激其官能的舞，進行肌膚的接觸，讓她對你有意，然後才誘導她上床——女人很重視這種順序，而且喜愛懂得這種過程藝術的男性。所以，如果你想要攻陷女人，就一定要懂得運用這種過程。

無論如何，深入洞悉女性這種微妙的心理，乃是男人應有的求愛技巧。

女人對於男人的性魅力最敏感

一份讀者群多半是二十～三十歲女性的雜誌，前些時候向其讀者做了一次意見調查，他們提出的問題是——妳是否曾經覺得某些男人很性感？如果答案是肯定的，請問何種類型的男人在何時會令妳產生這種感覺？

結果，有超過百名的女性寄了明信片回來，而且給予肯定答覆的接近百分之九十，以下介紹一部分答案。

△「如運動員般身體富有彈性的男性，運動後因汗水而發亮的身體。」（二十一歲　專校學生）

△「擁有強壯而結實的身材，在酒店吧台喝酒的男性背影。」（十九歲　學生）

△「擁有魁梧的身材，在海邊漫步的男性模樣。」（二十二歲　大學生）

△「游泳比賽時，濺起水花的強壯選手。」（二十三歲　職業婦女）

△「體格強壯的三十幾歲男人，熱中地談論自己的工作與抱負時。」（二十六歲　店員）

△「為我把掉在地上的鈔票撿起來，並露出令人怦動的迷人笑容的男人。」（二十三歲　職業婦女）

△「剛認識的精明型男性，動作俐落地接聽幾個電話時。」（三十一歲　家庭主婦）

△「我家附近的超級市場負責人，看到他結實的臀部及隆起的股間。」（四十六歲　家庭主婦）

△「平時沈默寡言的男同事，在我情緒非常壞時，意外地表現得十分溫柔。」（二十五歲　公務員）

△「肩膀寬厚而穿著T恤的男人，在車站擦身而過時撞了我一下，立刻露出白牙道歉的情形。」（二十六歲　職業婦女）

由以上所列舉的例子可以看出來，現在的年輕女性對於男人的性魅力都非常敏銳，而且，她們隨時都伸展著視覺與嗅覺的觸角，注意著男人的舉動呢！

聰明女性眼中的職業運動選手

「男人都應該英俊瀟灑」、「男人都應該是精明能幹的」——我常常覺得現在的女性彷彿都對男人如此高聲嘶喊著。

就拿女性的棒球迷來說吧，她們的人數已比過去增加了很多，但她們並不是對棒球這種運動本身著迷，而是因爲現在的職業棒球界裏，出現了很多條件優異的男人。當然，男性球迷爲球員著迷，乃是敬服他們的精力、衝勁與球技，但女性球迷就不同了，她們所崇拜的內容往往和男性球迷不同。

譬如SM隊最受女性歡迎的G和C兩人，不論球隊到那裏打球，總有無數的女性球迷寫信或打電話給他們。你知道一九八四年美國整個棒球季中，獲得最多女性熱烈視線的男人是誰嗎？那就是著名的短打高手A、捕手S及投球姿勢特殊的投手Y。如果你將他們的照片排列在一起，就會發現他們都有一個共同的特徵，那就是外貌成熟而略帶甜美，而且都是充滿了男性魅力的英俊男人。

接著再來看世界拳擊選手的受歡迎程度，姑且不論他們的成績如何，女性球迷最多的拳擊手就是A，他不像其他的選手滿臉橫肉，也不會一開口就是一大串粗俗的咒罵話。從拳壇退休以後，他甚至參與政治活動，充分施展了男性魅力，這一切不都說明了他何以深受女性愛慕嗎？

以所獲得的榮譽及獎金數額來說，重量級拳王S的確比A高了許多，S本身也擁有很多特殊的魅力，但以綜合性的魅力來說，A却比他強多了；因爲女性球迷已然將強壯、名譽及技巧視爲第二，她們往往都把視線集中在選手的外貌上。

發揮男性之美與精悍

一般男性喜歡的女性有兩種，不是很美就是很可愛的。

相對的，女性所喜歡的男性類型也可以分爲兩種，其一是有著健美的外貌，其二是非常精明能幹。換句話說，這兩點就是受女性喜愛的二大性魅力要素，如果你不具備這樣的要素，必定很難刺激女性對於你的興趣。

其實，對於美的要求與感受，古今男女都是一樣的。也許你會覺得，過去的美男子似乎不及現代多，這是因爲一般人都認爲，男人推動社會的強韌力量，遠比外表的美貌更重要，而女人也普遍地認定這種想法，所以，她們就把除此以外的條件放在心裏，沒有表現出來。

但現在時代已經不同了，社會結構逐漸地以女人爲中心，女人已經能夠不客氣地嚴格要求男人，譬如目前正急速成長的離婚率，即是最明顯的證明。據統計，有百分之九十五以上的離婚案子，是由女方主動提出。

同時，不結婚的女性人數不斷增加，也暗示著當今女性的權勢已明顯高漲，因而女人再也不願意和平凡的男人結婚，她們期待著更好的男人出現，期待著美男子或精明能幹的男人。

著名的女星C年輕的時候常說：「我喜歡像太陽神阿波羅那樣的美男子。」事實上她結婚的對象D是一名作家，體格不怎麼樣，可是却有著一張非常俊美的臉孔。遺憾的是，經過十年的婚姻生活，前一陣子兩人還是離婚了。雖然如此，對於堅持其理想的男性形象而結婚的C，我始終認爲她是個值得欣賞的女人。

以魔鬼般身材著稱的美麗歌星H，有著非常多的中年男性歌迷，她曾經公開表示喜歡看雄糾糾的男性背影，並聲稱她理想中的男性形象，是精明而富有男性氣概的。上一代的人總是說，好女人會選擇適合自己的男人，我想，H小姐的男性品味即可證實這一點。

愈好的女性條件愈高

「我對沒有漂亮身材的男人完全不感興趣。」

這是布魯斯舞女王E所說的話，她現年七十八歲，依然擁有豐厚的音量，並表示「女人終生不會失去對於男人的關心」，她這種年輕的心著實教人心服。

美國著名的爵士歌星J，認爲男人的性魅力不在於外表是否美觀，而是內在是否強韌。她說

：

「譬如能迅速抓住眼前機會的男人，就是最迷人的男人。其實，你可以從男人的談話中感覺到他的魅力，那是一種向上心或野心。」

有一段時間以動感歌星廣受注目，最近則增添了一些圓熟味的K小姐，也曾這麼表示：

「男人的性感，是和其內在具有的強烈意志或信念有關。」

因此，她公開表示討厭喜愛找藉口狡辯或憎恨他人的男人，也拒絕總是維持現狀、馬虎而缺乏向上心的男人。

接著讓我們來談談曾著名一時，素有「多戀女」之稱的兩位女性名人。

其一是世界級的大明星S，其二是至今仍然在文壇筆耕的女作家B。她們兩人的共同點是因美貌而聞名一時，而且她們在二十～四十歲之間，曾擁有無數浪漫多彩的男性經歷。

S的戀愛對象包括美男子C、名作家D、國劇名人F，以及幾位政界的著名才俊等，值得注意的是，這些男人都是一個比一個美的美男子，也都是好男人。

B的戀愛對象不是作家就是畫家，據說她在初見作家W之後，曾表示：

「人世間竟然還有這麼好的男人？」

由此可知，找好男人作為戀愛或結婚的對象，乃是天底下好女人的共同願望。

有家室男人吸引年輕女人的原因

目前流行的辦公室戀愛，往往就像潛水艇一樣，總是靜靜地在深海中潛行，也有人稱之爲午妻的故事，似乎充滿了戲劇性。問題是這樣的故事太多了，彷彿每一家公司都有有家室上司與女職員的緋聞或謠言。

那麼，何以年輕女性會喜歡有妻室而年紀較大的男人呢？我認識一位在證券公司上班的二十三歲女職員，她曾經如此告訴我：

「他擁有成熟男人的穩重，我看了就很喜歡。而且，他有好好照顧妻子及養兒育女的責任感，也有做社會人的自信，最重要的是他很了解女人，不像那些輕浮而不穩重的男人，卽使相貌再好也不會吸引我。」

另有一位在貿易公司上班的二十五歲單身女郎，她道出了女人眞正的心意：

「雖然臉上不表現出來，但女人對於性通常都有很大的期待。就以我來說吧！我和公司裏的男同事交往，如果最後可能演變到上床，我寧願找個具有包容力、懂得善待女人的男人爲對象。關於這一點，最能讓我放心的就是有妻室的中年男人，既不必擔心他會逼你結婚，更不用憂慮善後問題。說實話，女人是很現實的，爲了追求快樂，有時我會變得很貪婪。」

愈來愈多年輕女性喜歡有妻室的好男人，一位在廣告公司工作的二十六歲女職員，道出了女

有家室男人吸引年輕女人的原因

性獨特的心理，她說：

「有人說現在的女人都中了邪，一旦遇見了有妻室的好男人，便會設法沾手，和這個男人有了關係，而與其未曾謀面的妻子暗自競爭，因爲女人和女人就是喜歡競爭。關於這一點我倒頗有同感，電影或電視上常說女人會爲這種異常的戀情哭泣，認爲愧對另一個女人，那根本都是騙人的，因爲女人對於他人的妻子都懷有敵對意識，而女人就是喜歡這一點，自古以來，女人的敵人就是女人，女人一定要有敵人才會活得更加有意義！」

重點在不要嘮叨日常生活中的瑣事

「我喜歡有妻室男性的這些地方」——

—這是某個女性月刊雜誌，對二十至二十四單身女性所提出的問題。以下僅列出幾個他們所收集到的意見，以供讀者參考。

「穿著端莊而清潔，穩重而不會以兇狠的眼光看著公司內的女性職員。」（二十二歲　不動產公司職員）

「雖然不像外國男人那麼尊重女人，但至少不會忘了要時常關懷女人。」（二十四歲　辦公機器公司職員）

「表現得很愛妻子的男人要敬而遠之，但在一起喝酒時連妻子這兩字也不談到，無法看見其生活背景的男人也不好。最好是在相處的兩個小時內，能夠在極自然情況下提一、二次妻子名字，隨卽又談起其他事情的男人。」（二十一歲　百貨公司店員）

「我喜歡會讓人幻想到他和妻子性生活情形的男人，因爲一個男人有了妻子，自然會有頻繁的性生活，不過，最迷人的却是完全不透露這種事的男人。」（二十四歲　飾品店職員）

「我喜歡喝醉酒也不會說他人壞話或發牢騷的中年男人，老說妻子壞話的男人是最低級，這種人一定也愛說上司或屬下的壞話，能夠喝到半醉還保持冷靜的男人最討人喜歡。」（二十三歲　貿易公司職員）

清潔、穩重、自然、懂得關懷他人——這些是年輕女性認爲中年男性最迷人的條件。由此可知，男人不宜過分展露自己的生活背景，但讓人完全看不見你的私生活也不行，這是女性極介意的一點，筆者在前面也提到過，些許神秘感可微妙地刺激女人心。

無論如何，女人經常都以貪婪而銳利的眼神觀察著男人，你是否具備了經得起這種視線考驗的性魅力了呢？如果你對自己沒有信心，現在就開始自我鍛鍊吧，因爲時代已如此要求你了。

5.成功者的實例即是證明

因英俊的外貌而當選總統

聲譽正盛的隆納德·雷根再度獲得壓倒性的勝利連任美國總統，同時也使得他的政權更加鞏固。

據說雷根是深知自己會連任才出來競選，原因並不在於他的政治信條、政策或政治哲學，而是他的風度、魄力以及帶給美國人信心的穩重感。不過，最重要的還是他的長相很好，最適合當美國總統。

美國立國以來就有一個不成文的規定——「禿頭、胖子或矮子都不能當總統」。因此，美國總統的先決條件是要有英俊的容貌，這或許可說是美利堅合衆國國民美的意識吧！

在美國只有相貌出色的男人才能當總統

雷根總統是過了七十六歲的老年人，然而，他端正的容貌依然充滿了男性魅力。這是因爲他與生俱來即是一個美男子，加上他有接受除皺手術的勇氣，亦即他懂得爲維持美好容貌而費心思，所以他才能連任美國總統。

既然一國之最都是這樣的情形，當然他們財政界的頂頭人物也不例外；於是，美國各大企業的老闆及高級幹部，全都以要求年輕、美貌爲口號，辛辛苦苦地爲提升自己的男性魅力而努力。

這種風氣最近也逐漸波及我國，假定財政界有兩個實力相當的人出來競選議員，當然是具有男性魅力的一方，較容易獲得女性投票人的支持。

以政界人士而言，如前任的新聞局長

宋先生，不卽是一位風度翩翩的美男子嗎？

再拿日本職業棒球隊的靈魂人物監督來說，只要這個擔任監督的人相貌出衆，該球隊的女性球迷必定很多，這也是一個明顯的證明。譬如最近幾年深受日本女性歡迎的西武隊，就因爲他們有個冷靜又瀟灑的廣岡達朗擔任監督，所以女性的支持者才愈來愈多，甚至因而提高了西武隊的聲名。

到了五十歲依然保有年輕的體型

接著，我們再來深入研究這位廣岡監督何以深受女性喜愛。

如果你注意過日本的職業棒球隊，或者看過有關的報導，或因爲郭泰源加入西武隊而注意到他們的監督廣岡先生，就會明白這個人一點也不顯老。雖然他已經五十幾歲，以生理年齡來說應該是屬於中年人，可是，他的腹部始終不曾突出，修長的體型看來就像年輕人，非常迷人。

談到這兒，我不禁想起日本巨人隊的前任監督藤田元司先生，去年王貞治先生改任監督時，某晚，我們曾在電視上看到藤田先生，我那非常迷巨人隊的妻子，突然在一旁喊叫：

「哇，那個藤田監督肚子都凸出來了，眞難看，我看他是該退休了。」

聽到她說的話，我很自然地將眼睛轉向電視畫面，他和西武的廣岡監督差不多，都是五十多歲的中年人，身材還相當修長，可是仔細一瞧，腹部的確鼓起如球。

當然，我們不能說這位藤田先生不正常，因爲一般的中年男人都是如此，但是就因爲廣岡監督有著宛如年輕人的結實體型，所以格外討社會上的女性喜愛。

其次是他們令人覺得充滿自信的容貌與氣質，想到他是棒球界的中年專家，再看到他具有智慧的氣度，「成熟」兩字正是最足以形容他的名詞，或許這一點也是撼動女人心的要件吧？

「哎，那也只不過是他們擁有吃多了也不會胖的體質，比我們吃香而已嘛！」

也許那些大腹便便的中年人會如此辯解，但我相信這是不同的，因爲再瘦的人如果不善自管理身體，腹部還是會突出。

談到中年偶像，不論是在財政界或娛樂界，多的是超過五十歲而沒有發胖的男人；像這樣的人通常都懂得珍惜自己的身體，每天做必要的健身運動。

如果你想要成爲一個對自己身體感到自豪的男人，到了中年也不可忘了要保養自己的身材，尤其如果你想成爲一個美男子，更不可忘了自我鍛鍊的重要性。

要有敏銳的頭腦及說服力

在未來的時代裏，不論是要成功或成大器的男人，爲女性所欣賞已是不可缺的條件；因此，你一定要有內涵，更不可忽略了男性氣概。

現在我們來看看財政界的好男人，在智慧方面，他們的確有著十分敏銳的思考力。

被公認為政界鐵腕的G，有著極細膩的論理力及分析力，在目前政界人物中可謂無人可出其右；他說話就像機關槍一樣快，而且說起道理來細緻又明快，反應非常好，這一點凡是和他談過話的人都能感覺到。

而G先生沈著的辯論能力及辦事的氣魄，可說和他姣好的容貌非常相配。當然，他的容貌是來自遺傳，這一點我們無法置評，但值得注目的是他具備了充沛的男性精力，也許他在選舉的時候，所獲得的最多選票就是女性票。他不像一般的政治家具有男性氣概，但是他有著罕見的統率力及深沈的人性，這應該就是他的魅力所在。

其次，你知道目前在財界最受女性支持的人物是誰嗎？答案當然是W先生。

現在電腦已一年比一年普及，目前經營最順利的是C電機公司，而W先生即是該公司的總裁，他在有關的業界非常活躍，現在仍然是最受歡迎的演講人，廣受各界人士注目。

W先生就像一部電腦，他有著精妙而能夠臨機應變的辯論能力，而且口中經常一個接一個吐出專門的統計數字，令人敬服。他演講時的特色是不用看演講稿，內容精采的演講文便一字一句輕柔地從他口中一瀉千里。

每次W先生演講時，女性聽衆會聽得著迷並嘆息，原因在此。

另外，日本前首相田中角榮也是演講的個中高手，他也從不看演講稿，可是却能夠流利地脫口說出很難的數字，這在女性眼中是很出色的，因為女人在小算盤上很精明，要她記住較大的重要數字却很困難，所以，她們總是非常佩服頭腦精細的男人。

拓荒精神也是男性魅力之一

前一陣子爲行政改革而忙得不眠不休的財政界大人物S先生，素有宛如古代騎士的風貌，許多大企業的總裁都表示對他十分敬服。

坦白說，S先生的確是個大人物，但他絕不屬於我所歸納的好男人範疇，你可以從他臉上看到堅毅的神情，以及長年承受人生風霜所造成的獨特而強勁的笑容。當然，我們可以說這也是一種男性魅力，只是形態不同罷了。

不過，我倒認爲S先生本身的人生哲學，即是一種極純粹的男性魅力所在——

「如果從男人身上除去了工作，男人必定一無所有，所以，一般的職員要比過去多使用三倍的腦筋工作，高級職員要以十倍於過去的努力工作，我當然要比他們做得更多。」

這是二十年前正逢經營危機時，J電器公司老闆S先生所說的話。他如此要求公司的職員，同時他也做到了對自己的期許——據說他每天早上七點半就到了公司，親自出去推銷產品。就這樣，挽救了T電器公司。

「在上位的人不誠實地認眞工作，下面的人怎麼可能忠心地追隨你？」

他是一個有著堅強信念的人。

「要做比自己能力所及更多的事」

「人不只是要依自己的能力做事，還要比自己能力所及做更多的事，這是我的意見，說得明白些就是重荷主義。如果有個人拿得動一百公斤的東西，就要讓他拿一百二十公斤重的東西，這樣才能發揮人的潛力，以超能力來工作。」

這就是S先生的工作哲學，非常單純而清晰，同時也十分強勁有力。他認為工作不需要什麼道理，只要每天全力以赴，自然能開拓出一條康莊大道。

S先生另一個厲害的地方，就是他雖然貴為財政界執牛耳的大人物，可是他始終保持著非常簡樸的生活方式。據說，他數十年來每天所吃的東西都相差無幾，而且一定要吃魚乾和蔬菜。

「現代人都已經習慣富裕的生活，近

年來已有營養過剩的現象，但是在不久以前，大家不是都過著這種生活嗎？我只是使它持續下去而已。我不需要花很多錢去吃大餐，只要適當地攝取足夠的營養就行了，吃太多山珍海味造成營養過剩，同樣對身體不好。」

S先生已快九十歲了，可是他的身體依然很健康，敏銳的思考力也不曾衰退。從S先生這種簡樸的生活中，你是否感覺到一種拓荒精神了呢？

能包容他人的度量

以目前我國少壯派的企業家來說，最受一般人仰慕的經濟人是誰呢？相信大家立刻會指出就是K先生。

剛剛步入五十歲的K先生可謂正值壯年，但是他已多次主持國家計劃，創立了幾家飯店，同時也是某國際獅子會的主席，幾乎每天都忙碌地工作著，我相信他很快就會成爲企業界的巨人。他有著穩重的風貌及濃密的黑髮，可謂風度翩翩，據說他旗下的企業當中，有很多女性職員都非常喜歡他。

而形成K先生這種男性魅力的主因，就在於他柔中帶剛、剛中帶柔的個性，除了他獨特的商業感及經營哲學外，我們可以說他也是一位強壯的美男子。

對於自己在企業界的努力與成功，他如是說：

「最好不要把努力看得太重要，因爲不論什麼樣的事業，如果沒有運氣，再努力也不會順利成功。一個人要成功，除了實力與努力外，還要看運氣的好壞，這一點往往會影響到一個事業能否成功。所以，只消幾年就賺入幾千萬的企業家，你只能說他運氣好，賺錢絕不是靠實力或努力而來的。」

根據他的說法，一個人能夠成功地創立事業，不見得一定有什麼先見之明，只不過是運氣好而已。

「去年我經營了三座農場，結果收成非常好，但這並不是因爲我有先見之明，主因全在於運氣。因爲去年的氣候特別好，各種農產品的收成都很好，所以，我只能說我的運氣好，並不是我計算周密。」

K先生說話絲毫不誇張，而且能夠毫不掩飾地說出心裏的話，也許他的魅力所在，即是這種自然而坦率的男性氣概。

在他的言談中，你會發現他的精明與獨到之處，但同時又不失男性的大度量，他似乎有著能夠在不自覺中包容一切的力量。

讓工作變成嗜好才是真正的事業

接著讓我們再來看看K所說的一段話。

「不要認爲自己最了解自己的事情，或者認爲某項工作應該最適合自己；其實，人們最不了解的往往就是自己的事情，反而是四周的人更了解你；同時，你的上司也更能看出什麼樣的工作適合你，並付給你值得該項工作的薪水。因此，你只要默默地做好上司交給你的工作就好。」

前面所提到的W先生，是否和這位K先生有著一個共同點呢？W先生曾經說過：

「自知並不能盡其才，所以不要認爲自己只能舉起一百公斤重的東西，要以自己可舉起一百二十公斤重的力氣去舉才行。」

K先生也曾這麼說：

「不要自己決定自己的適性，他人會替你判斷的。」

換句話說，他們都相信應該拋棄人都有自知之明的想法。K先生接著又說：

「不要因爲我喜歡某項工作才做它，這種想法是不正確的，男人的工作不應該如此；你應該一面工作一面喜歡它，而且要加速地愈來愈喜歡，這才是正確的態度。」

那麼，男人的工作到底是什麼呢？簡言之，工作不是戀愛結婚，而是相親結婚。這是K先生的理論。若是一見鍾情而相愛結婚，熱得快冷得也快，但相親結婚就不同了，感情是在婚後慢慢培養的，不會很快冷却，需要充實工作的人不是都該選擇後者嗎？

「要使自己的工作成爲嗜好才行，否則男人是無用的。」

這是K先生的看法。使工作成爲一種樂趣或嗜好，否則壓迫感太大，快樂的背面卽是痛苦，反而難以忍受。問題是沒有嚐過苦澀的滋味，焉知甘甜的程度呢?所以，如果你想獲得極度的樂趣，就要下定決心忍受強烈的痛苦，如是苦盡甘來，你自然能嚐到甜美的果實，而這也就是男人的人生。

能幹的男人是有由來的，成功的男人也是其來有自，相信你現在已看清了這一點。

人生至少有一半的時光應盡情享樂，但另一半却需要更辛勤地耕耘，如是經歷過苦樂參半人生的男人，才會成爲眞正的男子漢，也是本書中所謂的好男人，像這樣的男人，那個女人不愛呢?

第二章　富有性魅力的八個要件

第一要件　使自己變成美男子

男人愈英俊愈容易成功的時代

俗話說：人過了三十歲就要對自己的臉孔負責。意味著從一歲到三十歲的臉孔乃是天生而來的，這時的容貌好壞，乃是父母的責任。

相對地，人過了三十歲以後，容貌就會反映一個人的內在，不論是智慧、修養、對於工作的責任感，或對於經濟能力的信心等，都會自然地表現在臉上，於是就會塑造出一張更好或更壞的臉。

因此，如果過了三十歲仍沒有一張好看的臉，這就不是父母的責任，而是要由你自己來負責；說得徹底些，就是你缺少內容以表現在臉孔上。

然而，這也只是一種說法。

筆者的看法正好相反。我認爲就因爲你有一張人見人愛的好臉孔，所以社會上的人信任你，你自己也會有信心，因此不論在工作或人際關係方面，你都會有充實的成果。相對地，對於容貌有自卑感的人，其性格必定也很消極，並因此在工作或人際關係各方面都無法順遂。

當然，這裏所謂的好臉孔，並不是純粹指造型上的美男美女，而是包括無以名狀的智慧型的臉，或是令人產生好感的親切臉孔；簡單地說，即是讓人看了覺得很舒服的臉孔。不過，天生有這種臉孔的人當然更好。

視覺時代的處世術

容貌出衆的好處多多，可說是自電視普及以後愈來愈明顯的傾向。由於電視的功勞，現在已到了純視覺的時代，譬如原本以文字爲媒體的雜誌，現在也改變爲以彩色照片爲重心來推銷的時代。換言之，如今凡是在視覺上不足以吸引人的事物，都將不會有人理睬了。

隨著電視的成長，二十世紀末葉的人類往往以視覺感受衡量一切，眼睛看了喜歡以後才開始研究內容，彷彿人人都受到了這種教育，而這種教育會影響我們觀察人的眼光，這是很容易想像的，實際上也有很多事實可供證明。

法國的男性雜誌「路易」，在二、三年前刊載了一篇標題爲「男人也流行美容整型」的文章，提到在法國男性的社會裏，人們對於男性美已有了革命性的看法，因而法國男性也盛行接受美容整型。

其實不談別的，就拿日本來說吧，最近就有許多卽將從大學畢業的男性學生，爲了獲得更好的就業機會而希望接受整型。

這表示年輕的一代已深刻地感覺到，要在這個社會上獲得成功，第一個條件就是要容貌出衆。

實際上有些人就因爲容貌不佳，不僅無法在事業上出人頭地，有時連婚姻之門也被封鎖了。也有很多一流大學畢業而頭腦明晰的有志青年，就因爲長相不佳，而被摒棄於著名大企業的門外，這些都是不爭的事實。

也許你會認爲頂多只是際遇差些，不至於完全吃閉門羹吧？但你只要睜開眼睛多看看目前社會上的名人政要，相信你很快就會了然於心。

最簡單的方法就是看看現在的演藝界，看看那些一個接一個走紅的新歌手。他們所以會紅透半邊天，並不是因爲他歌唱得比別人好，而是因爲他們有著驚人的美貌或身材，這都是有目共睹的事實。

或者，你也可以看看那些議員、國大代表或立法委員，甚至各縣市的縣市長選舉，在選舉的時候，除了政治因素或背景外，容貌的好壞往往就是當選與否的決定因素。

換言之，行政首長縱然功績卓著，只要他其貌不揚，女性的支持者必定不多，這一點不論在那一方面都一樣，而且這種傾向已日益明朗化了。

和心靈的美醜一樣，如今容貌美醜的問題，已不只是女性專美於前了。

雄性動物原本就比雌性動物更美

男人本來就應該比女人更美麗

既然環境已演變到這種境地，我們這些男人當然要爲了使自己更美觀而努力，何況這一點又與女人及工作有著密不可分的因果關係，當然更要毫不吝惜地爲之努力啦！

也許你還想辯稱——男人的價值並不在於臉孔或長相，智慧和器量才是最重要的——這種說法與想法一點都沒錯，問題是在你的智慧及器量發生作用或影響以前，如果你就因爲沒有堂堂的儀表而受到社會所排斥，豈不等於一開始就全盤皆輸了？

動物原本就是雄性比雌性美麗，你一定見過雄獅子漂亮的鬃毛，還有雄孔雀美麗的羽毛，換句話說，在所有的動物當中，雄性比雌性醜的就只有人類。原因是什麼呢？簡言之，是男人不及女人那麼重視打扮，而且，女人還懂得以其他動物所沒有的技巧（化妝）來粉飾自己，如此一來，純樸的男人當然更形醜陋了。

在本書裏，筆者決定為更加美化男性，而介紹一些技巧，只要你好好地利用它，你就能變成男人和女人都讚賞的英俊男人。只要除去了你容貌上的自卑感，許多事情必定就會像哥白尼的地動說一般，使一切都為你改變。

因此，莫再把這種對於美的挑戰視為女人的專利，將今年變成向美男子挑戰之年吧！以後你對於自己的臉孔或身材的信心，不但會為平時的風度帶來良好影響，同時也會為你的事業帶來好結果。

向英俊的儀表挑戰

口頭上說要使自己更英俊的確容易，但不知道具體上該如何做的人一定很多，但你也不要這麼想：

「我生下來就是這個樣子，現在還能怎樣？」

只要你現在開始努力，一樣能使你更英俊。現在先介紹重點。

首先你要做到很有男子氣概的清潔感。就算你的長相再漂亮，可是眼角有眼屎、鬍子亂七八糟，女性依然會對你敬而遠之。此外，襯衫的領子或袖口穿黑了也不洗，同樣也會成為讓人討厭的原因。若你好不容易把她約出來了，可是卻在重要時刻讓她發現你的領子髒兮兮的，先前的努力很可能就這般功虧一簣，如此豈不是太得不償失了嗎？

女人經常都在觀察男人，只要讓她發現你不乾淨的一面，她就會認定你是髒鬼；為避免這種情形發生，最好的方法便是經常保持乾淨，換句話說，男性保持乾淨乃是對女性起碼的禮貌。

這種禮貌當然也包括頭髮的整潔，如果你的頭髮亂七八糟的都是頭皮屑，女性和你在一起只會感到噁心，絕不會對你產生好感。不過事情總是過猶不及，假如你每天都把頭髮梳得油亮，線也分得一清二楚，往往只會使你顯得沒有個性，因此，為表現你的個性，髮型的選擇也是非常重要的。

近年來利用美容院或髮廊的男士已愈來愈多，其實，為了梳出一個適合自己的髮型，找美髮師幫忙的確不失為一種方法。

其次，對於服飾的斟酌，也是使你成為英俊男士的重點。

每天都穿著同一件邋遢的西裝，繫著縐巴巴的領帶，絕對無法獲得女人的傾心與關懷。不過，假如你像服裝模特兒一樣每天都換穿不同的衣服，彷彿在做服裝秀一般，女人也會對你的人格起疑。

總而言之，男人的服裝一樣要重視搭配，同一套西裝只要偶爾換一條領帶，往往就會產生迴然不同的氣氛，這種細微的改變極易吸引女性的眼光，因爲女性常常注意自己的服飾，自然對於異性的服飾變化也很敏感。

在服裝方面，最不容忽略的就是要配合目的打扮。假定你好難得才獲得與她約會的機會，可是却穿著和平常一樣的深色西裝與領帶赴約，女方必定會立刻對你失去興趣。試想，如果女人連和你走在一起都會覺得難爲情，下次她還會答應與你約會嗎？因此，別忘了工作歸工作，約會時要像約會，服裝方面還是加以區別爲佳。

此外，髮型也是不容忽略的重點，如果你的服裝和髮型搭配得很好，女性立刻會察覺你對於服飾的感性不錯。而且，髮型極易改變一個人的形象，所以，偶爾換換髮型也可以增加新鮮感，更刺激女人心。

以上所介紹的是如何成爲英俊男士的重點。不過，爲了使自己更俊俏，有時也需要在臉孔或身體做直接的改變，這時就需要請教美容專家或外科醫生了。

胎記或傷疤會使你的人生黑暗

很少有自認爲百分之百完美，或對自己感到十分滿意的人；除非你是自戀狂，否則一般人對於自己的容貌或身材，多多少少都會有點自卑。

有的人希望自己的鼻子能再高一些，有的人認爲自己的眼睛太細長了，最好能大些，有的人認爲自己的牙齒參差不齊，需要矯正，或是身高再加五公分多好等。總之，幾乎每個人都有這方面的煩惱。

當然，這當中也有一些人明顯的是貪心不足，有些人在他人眼中看來並不醜，可是當事者卻爲之痛苦、煩惱不已。

如是比起來，像胎記這樣的煩惱就比較嚴重了。特別是臉上紅色、黑色或青色的胎記，對當事者所造成的精神影響，往往是外人所無法想像的。據我所知，有些年輕小姐爲了臉上的胎記連學校也不去，有的甚至不敢出去工作，只能躲在家中，更嚴重者還會鬧自殺。

男人也不例外，縱然你安慰他：

「哎呀！男人的長相並不重要，只要聰明能幹就夠了。」

當事者還是會爲之煩惱不已，有時還因此連他人來提親也不敢接受，或者不願見人、不敢和人接觸。像這樣的人，由於心理上的壓力太大，當然在工作或事業上也不會太積極。

N在學生時代是棒球場上十分活躍的運動選手，可說是一個個性開朗的青年。可是，他的左額有一塊像貼著瀝青般的青色胎記，那個胎記是暗青色，又稱爲色素性母斑。

他自己完全不理會這個胎記，進入公司工作的時候心情也很開朗，加上公司裏的上司和同事都不怎麼介意他的胎記，所以當他的母親建議他去做美容醫療時，他立刻拒絕了。

可是，有天晚上他加班的時間較長，到很晚才從辦公室出來，這時他看到一座電梯的門正要

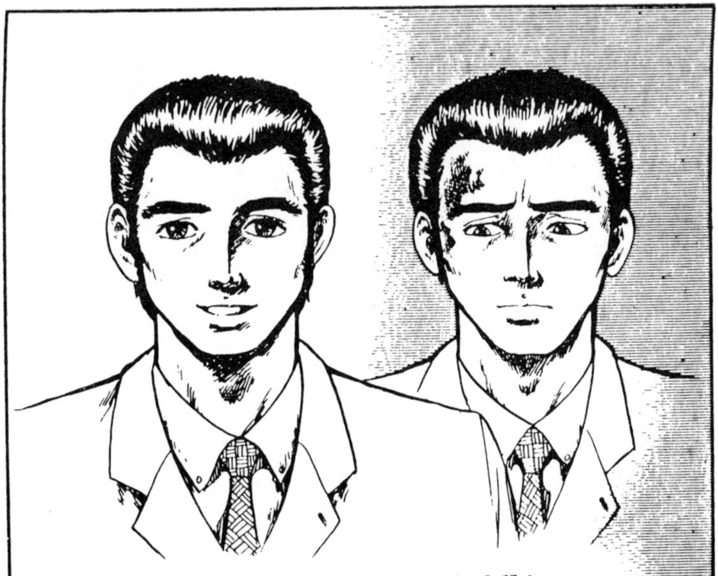

治癒胎記或傷疤能使你的人生更開朗

關上，於是急急忙忙地衝了進去，正好趕上。當時電梯裏有個女孩，可能是住在他們公司樓上的人。

N衝入電梯而與女孩照面的瞬間，女孩突然尖聲叫了起來，後來知道是同一幢大厦的公司職員才放下心。

N非常介意那個女孩的反應，他認爲女孩一定是突然看到自己詭異的臉孔而嚇一跳；實際上他也遭遇過很多相似的經驗，因爲兒時的玩伴也時常無心地稱呼他爲「半面人」。

『公司裏的同事或朋友裝著若無其事，一定是以理性壓抑了自然的反應，那個女學生看到我就尖叫，一定是我這張臉眞的讓人很不舒服。』

N回家後想了很久，幾天後就到診所

來找我。

小型的胎記或黑斑都能消除乾淨

拿著剛獲得的獎金與過去慢慢積存下來的儲蓄，N一本正經地向我說：

「請你用這些錢治好我臉上的胎記！」

我仔細地看了一下他的胎記，他的胎記是屬於最嚴重的色素性母斑，從左頰擴展到眉毛，幸好範圍較窄。

「沒問題，一年後你就會有一張漂亮的臉孔，而且用不著這麼多錢。」

聽我這麼說，N的表情立刻開朗起來，並和我約好要利用一個長達兩週的特別假動手術。

像N這種範圍較小的色素性母斑，一般最有效的治療法，就是將有胎記的皮膚完全除去，然後再小心縫合。對於較大的痣或紅豆大小的疣，這是最有效的治療法。

重點在動手術的部位，最好是皮膚較鬆或有點皺紋的部位，這樣不但傷疤不會明顯，手術完成後往往令人無法相信那兒曾經有斑。

因為N的胎記並不小，想要一次縫好相當困難，所以第一次手術只切除了四周大約一半的母斑，然後將之縫起來，等這個傷痕完全長好了，才切除剩餘的黑斑，其後只要等傷痕痊癒就行了。

經過一年，動手術所留下的傷痕也完全消失了。

這種縫縮法是處理胎記最有效的方法，但如果範圍太大，或者皮膚沒有鬆份就不適合這種方法，譬如整個半邊臉都有嚴重的色素性母斑的人，就不能利用這種技術。

再者，胎記的種類很多，治療的方法也不盡相同，通常要看斑的大小、性質及深淺等，來決定最有效的方法。除了前述的縫縮法外，也可以使用乾冰法（使有胎記部位的皮膚發生凍傷，藉以殺死組織的方法）、削去法（以手術刀將胎記削掉）、雷射光療法（以雷射光將整個胎記全部燒掉）、電凝固法（以電動手術刀將有胎記部位的表面組織予以破壞的方法）、植皮手術法等，或依需要併用幾種方法。

因此，不管你的胎記是屬於那一種類型，都不必擔心害怕，只要請教整型外科醫生，能治的就治好它吧！

如果能因此使你重見人生的光明面，再貴的手術費也是很值得的！

年輕時因衝動而做的刺青也可以除去

在這兒我順便告訴你，刺青也可以使用相同的方法除去。也許你也注意到，近幾年來年輕人都很流行刺青，甚至年輕女性也對它發生了興趣，以致造成很多不可收拾的殘局，只能依靠整型美容醫生來處理。

前些時候我就處理過一個個案，一個年輕女孩爲了向她所愛的男人證實自己的愛情，在自己的大腿上刺了一朵玫瑰花，但兩人終究分道揚鑣，而她來找我的原因，是她準備和另一個男人結婚，她說：

「這個樣子我怎麽出嫁呀？請你替我想想辦法！」

要除去刺青的手術非常簡單，只要使用前述的縫縮法除去就行了；如果範圍稍大，譬如大腿上的玫瑰花或手臂上的蛇、龍等，只要反覆使用縫縮手術，經過二、三次卽可消除乾淨。

不過，若是整個背部或雙臂上的大型刺青，問題就大了。尤其非專門的刺青師做的刺青，往往會刺得很深，那就更難消除了。

而且，假如刺青用的染色劑未滲透到深層的組織裏，還可以使用剝皮、削去及雷射光療法等，將表皮上的刺青消除乾淨，但如果染色劑已滲透到皮膚組織裏，除了植皮外可說別無他法。

若是將手臂上有刺青的皮膚全部割掉，然後把大腿上的皮膚移植過去，由於皮膚接縫的緣故，手術後一定會留下疤痕，有時遇到特異體質的人，還會出現稱之爲「蟹虫腫」的疤痕。

當然，有些人考慮到社會輿論的壓力，認爲少許的疤痕還可以忍受，願意接受手術，只是這種人當初何以會刺青，就很讓人費思量了。

話說回來，年輕時的過失，後悔也無法挽回，但如能因除去刺青，而獲得走向康莊大道的機會，這種手術還是有做的必要，你以爲然否？

第二要件　要維持修長的身材

胖子將會被社會所排斥

聽到某人喊「周胖子」或「肥肥」時，多數人只會覺得幽默而露齒輕笑，並不會對它產生抗拒感。但如果你深入去想，就會發覺這些稱呼根本就是差別用語，假如大家經常如此喊你，你不會覺得不舒服嗎？

當然，目前的電視或報紙，尚未明顯地將之視爲一種差別用語，所以，我們現在還可以大膽地使用「胖子」這種名詞。

然而，時代已逐漸演變到胖子必需從社會的第一線消失，放眼看歐美各國，不論是政治、經濟、文化、藝術、傳播、宗教等各方面，在第一線上活躍的人都不是胖子，這絕不是因爲現在胖子愈來愈少，只是目前的社會正逐漸地在拒絕胖子，而這種傾向已逐漸普及到東方。

爲什麼社會拒絕胖子呢？第一個原因是胖子的社會形象已根本改變。過去人們對於胖子的看法是有氣派、福相、豐滿等，都是採取欣賞的角度，因而凡是成爲大企業總裁或老闆的人，都會設法讓自己胖些，以期更有架勢或威嚴、派頭。

不過，這些都已成爲過去，現在站在大企業頂端的人，修長的身材與靈活的動作已成爲絕對條件；一身肥肉的人可能從最初卽被淘汰掉，根本沒有成功的機會。

當然，胖子的形象如此惡化是有原因的，那就是胖毫無優點，胖對於健康及成功的事業都不利。而明知這個事實還讓自己繼續發胖的人，表示連自己的身體也無法妥善管理，這樣的人必定意志不堅，沒有責任感。

總而言之，肥胖的結果就會出現如下幾個事實——

(1)胖子就業、升遷、戀愛及結婚等的機會逐漸被封鎖。看看我們四周，一流企業中步向成功的幹部絕無胖子，令人羨慕的戀愛故事中也沒有肥胖的女主角。

(2)過去有關胖子給予人的幽默、開朗形象已完全消失，取而代之的是令人不愉快、唾棄的病人形象，由於評價愈來愈差，肥胖的人也愈來愈不容易立足。

(3)一般認爲胖卽是病，因而胖子的交際範圍愈來愈窄，且與運動等各種活動漸次疏遠。以醫生的立場來說，肥胖確實不是好現象，罹患心臟病、腦中風等致命性疾病的比率很高，此外，罹患糖尿病、陽萎及精力減退等的比率也不低。

明知肥胖的害處很多，却還猛吃猛喝，無法控制自己的體重，也就難免會被批評爲意志力薄弱了。

罹患心臟病及腦中風的危險性很高

如是說來，肥胖可謂一點好處都沒有。也許有人會辯稱：

「肥胖的人較有體力，至少在雪地裏遇難時，生存的比例較高。」

然而這種說法很牽強，一般人可能一生中都不會遭到在雪地裏遇難的情形，何況爲了預防這種情形發生而認爲肥胖較好，此種想法也不合理。因爲，胖子絕不可能會向雪山挑戰，這時的勝算並不在於脂肪的厚薄，而在意志力是否堅強。

要逐一列舉胖子的缺點，只怕本書也不夠容納。

前面也提到過，愈胖的人罹患心臟病及腦中風的危險愈大。再說糖尿病吧！肇因百分之百就在於肥胖。

在性生活方面，由於血液循環不佳及運動不足，肥胖的人多半都有陽萎的毛病，雖然不會嚴重到完全無法過性生活，但由於腹部過於突出，性器也會顯得弱小，甚至會因爲自己醜陋的體型而對女性產生消極的想法。

另一個問題是肥胖之後，由於儲存在腹部的脂肪下垂，連帶也將性器的包皮向下擠，結果逐漸地形成包莖，胖子多包莖的原因卽在此。

想想看，被社會稱爲胖子而瞧不起，事業上又不易成功，加上又怕心臟病、腦中風，甚至連性生活也不如意，有時還要爲包莖煩惱，這樣的人生有何意義呢？

因此，肥胖可以說是男人眞正的大敵，凡是要邁入中年的男人，都應該注意保養自己的身材，以免被烙上「胖子」的印子，成爲社會中的落伍者。

當然，避免肥胖的方法只有一個，那就是不要吃太多，而這也是最有效的預防方法。

一定能達到減肥目的的方法

一般說來，男性體重超過一百一十公斤，女性超過八十公斤，卽是屬於超肥胖的範圍；次一級是男性九十公斤，女性超過七十五公斤，這種人已可稱爲大胖子。這是以標準身高計算的平均值，較矮的人當然更胖。

截至目前爲止，人類史上最著名的胖子，是美國一位叫約翰・布勞瓦・米克的人，當他被抬到醫院時，判斷大約有六百三十五公斤或更多些，爲了讓他在床上翻身，每次都要勞動十三個人，眞令人震撼。據說，他經過兩年的療養，減肥到剩下二百零五公斤，其後還繼續努力減肥。不過，一個人胖到這種地步，豈不形同廢人？

所以，不時就要注意控制自己的體重，如果不幸已加入胖子的行列，就要儘快根據下面將要介紹的方法減肥。

當然，人一旦胖了，要減少體重到成爲正常人，的確需要非常大的耐力，希望你能經得起這

只要從頭到尾貫徹節食卽可達到減肥的目的

種試煉而減肥成功，不要再繼續做社會上的落伍者。

首先，要達到減肥的目的，自始至終的唯一要訣就是少吃。多數人都是因爲吃過多才變胖，所以少吃一定會瘦；問題是對胖子來說，叫他不吃可說是最痛苦的事，很多胖子都忍受不了此種飢餓之苦，最後只得放棄，結果變得更胖。

爲避免發生這種悲慘的結局，就要養成花更多時間吃少量食物的習慣。因爲，我們在吃東西時，血液中的血糖就會隨之逐漸上升，等血糖到達某個數值時，就會產生飽脹感。卽因爲血糖值逐漸上升，會刺激所謂「飽脹中樞」的神經，使你覺得已經吃飽了。

產生這種飽脹感的另一個原因是胃壁

伸展，亦卽我們把很多食物裝入胃裏，胃自然會滿起來。然而，這種飽脹感往往卽是使你肥胖的元兇。

如果你仔細看過胖子進食，就會發覺他們都吃得很快。換句話說，由於能改變進食的習慣慢慢吃，很多人因而減肥成功。

除此之外，咕嚕咕嚕很快喝下大量的茶，或者吃一些沒有熱量的食物如蒟蒻，由於造成了胃壁的伸張，也能產生緩和飢餓的效果，達到減肥的目的。

其次是做適當的運動。爲了使你的情緒及意願更高昂，最好能有運動夥伴，如是便會產生不想輸他人的意志，也會與同伴產生連帶感。

最後一點是婚後有了性生活，而性行爲本身卽是一項很好的運動。同時，婚後你也會注意到自己肥胖而難看的身材，如果有女性砥礪，你也會更想減肥。

無論如何，將對於食物的欲望轉變爲其他的競爭心或性欲，也不失爲減肥的方法。

肥胖者多半陽萎的原因

筆者在這兒大聲疾呼清除胖子，恐怕還是有很多人無法下定決心減肥，所以，現在我要敘述一些更可怕的事實。

肥胖乃是引起糖尿病的第一要因。不過說起糖尿病，大家固然熟悉這個名詞，眞正了解它究竟是什麼病的人却不多。多數人會回答：「哎，大概就是尿裏面有糖吧！」「大概會造成陽萎！」「可能是一種成人病！」這是較普遍的認識程度。

每當人們談起癌症或心肌梗塞等疾病時，多數人都會豎起耳朶來仔細聽；然而，關於糖尿病，很多人却是一隻耳朶聽進去，立刻又從另一隻耳朶溜出去了，絲毫不畏懼它。

實際上，人上了中年，最應該注意的就是糖尿病。糖尿病患者一旦罹患癌症或心臟病，不但不容易治癒，死亡率往往會更高。

關於糖尿病，正確的定義應該是——「胰臟的胰島部位反應低落，以致無法充分分泌胰島素的疾病。」

胰島素也是一種荷爾蒙，當它停止分泌時，我們血液中所含的糖，便無法被身體各部分的細胞所攝取。

如此一來，身體的細胞便無法充分獲得糖的供給，因而呈現飢餓狀態，以致身體逐漸衰弱。換言之，罹患糖尿病以後，就會出現容易疲倦、體力衰退、對於其他疾病的抵抗力減弱等症狀。

而且，罹患糖尿病以後由於體力減弱，對於結核、肺炎、腎盂炎等的感染就會失去抵抗力，很容易引起這些疾病，或是引起神經障礙、脚麻、脚痛等，倘若還有動脈硬化的現象，更容易引發腦梗塞、心肌梗塞等。

實際上糖尿病是非常可怕的疾病，是故如果你認爲只不過是尿中有糖而不予以理會，必定會招致嚴重的惡果。

也許你聽說過糖尿病會造成陽萎，其實這是因爲神經障礙的情形惡化，結果不只是腿，連下半身的神經也受到侵襲，到此地步問題已很嚴重，當然不可能再不理會它。不過，也不要認爲糖尿病患者必定性無能，這種想法是錯誤的。

談到這兒，讀者應該已經能夠了解糖尿病是多麼可怕的疾病，而肥胖卽是導致糖尿病的主兇。

一九八四年二月，美國的國立衛生研究所舉辦了一個全美醫學研究者會議，其研究的主題就是肥胖；而這次會議的結論是，肥胖是比一般人所想像更嚴重、可怕的疾病。相信很多人都已知道這個事實。

根據這一項美國最具權威的醫學報告，胖子罹患高血壓的比率較正常人高五倍，糖尿病是二・九倍，不僅如此，癌症的發生頻率也很高；提出胖子可能愈來愈短命的警告，這些豈是你能夠不相信的？

果眞如此，當人們開始喊你「胖子」時，你還能無動於衷嗎？

第三要件　盡量使自己更年輕

頭髮是塑造相貌的要因

關於一個人相貌好壞，具有舉足輕重作用的就是眼神及頭髮。換句話說，有時髮型可完全改變一個人的形象，因而如果把頭髮當做畫框或相框，只要這個框漂亮，無論是畫或照片都會看來更值錢，頭髮與臉孔的關係卽是如此。

就拿著名的影星Ａ小姐來說吧！如果你仔細觀察，就會發現她的眼鼻、嘴巴、鼻子都不好看，但因爲這些器官所排列的位置恰到好處，加上她又用長髮巧妙地將臉孔包裹起來，於是就出現了一張甜美的臉龐。換句話說，若不是那一頭美麗的秀髮，Ａ小姐絕不會那麼美麗。

不僅是人，動物也不例外，如果我們把雄獅子的鬃毛剪掉，或者把貴賓狗身上的毛全部剃光，你能想像牠們會變成什麼樣子嗎？我相信必定都是一副可憐兮兮的模樣。

步入中年後，在一次偶然的機會裏，我難得地遇見了一位高中同學。令我感到震驚的是，他看來簡直可說是老得一塌糊塗，當然，最主要的原因是頭髮變少了，而我也因此更深信頭髮對一個人的外貌，有著舉足輕重的意義。

在外表給予人的自卑感中，據說禿頭所佔的比例很大，尤其是年紀很輕卽禿頭的人，這種煩惱格外深刻。在這個社會上，「禿」這個字會成爲禁忌，由此也可以想像這對當事者而言是多麼嚴重的煩惱，換言之，禿頭所帶給當事者的煩惱，往往比眼睛或脚有缺陷更嚴重。

因此，若有人發明了禿頭的特效藥，必定可以拿到諾貝爾獎，這絕非開玩笑。遺憾的是，目前禿頭仍無藥可治，而治療傻瓜的藥却多得很。

禿頭會遺傳嗎？

現在我們來探討年輕人禿頭的原因，一般可大分爲兩種——

A　遺傳的因素

B　後天的因素

所謂遺傳的因素，卽其人因遺傳以致荷爾蒙分泌不平衡而造成禿頭。說得簡單些，卽天生女性荷爾蒙分泌較多的男人不易禿頭，相反的，女性荷爾蒙分泌過少的男人則容易禿頭。

簡言之，人的頭髮受男性荷爾蒙、女性荷爾蒙及甲狀腺荷爾蒙三者所影響。其中，前頭部是由女性荷爾蒙所控制，兩邊的側頭部則由甲狀腺荷爾蒙控制，後頭部則是男性荷爾蒙主宰，各有其管轄區。一般禿頭是以前頭部爲主，側頭部爲副，通常不會禿到後頭部，因此，如果你警覺到自己的頭髮突然愈來愈少，多半就是女性荷爾蒙分泌不足所致。

這種荷爾蒙的分泌，大部分是由體質的遺傳造成的。假定你的父親有著一百燭光的大燈泡，那麽你禿頭的可能性也就非常大，既已是事實，只好認爲那是父親留給你的獨特遺產，千萬別怨天尤人。相反的，假如你的父親過了六十歲仍然有著一頭濃密的頭髮，那麽你變成禿頭的危險就很小了。

所以，也有人說禿頭精力充沛，這一點只要考慮到前面提及的荷爾蒙平衡卽可了解。容易掉頭髮的人必定是女性荷爾蒙比男性荷爾蒙少，因此，如果某人年紀輕輕前頭部的頭髮却愈來愈少，無論自己或他人看來都確定是年輕禿頭，這種人往往頭髮不多，體毛却很多，不但有胸毛，而且腿上的毛又黑又長，黑壓壓亂七八糟一片，看來充滿了男性氣概。換句話說，體毛多乃是男性荷爾蒙分泌過多所致。

引起圓形脫毛症的原因

接著探討禿頭的後天性因素。

關於這一點可謂衆說紛云，但最具代表性的說法有下列四點——

(1) 緊張與壓力

(2) 內臟障礙

(3) 貧血或身體發冷

(4) 頭髮維護不良

其中，第(1)點的緊張、壓力乃是最具一般性的因素，人在壓力太大或極度緊張時很容易掉頭髮，這一點只要想想俗言所稱的「圓形脫毛症」即可了解。所謂的圓形脫毛症，就是在頭頂或後頭部出現銅板大小的掉毛現象，而所有出現這種特異現象的人，必定都有某種精神上的壓力，或是有無法忍受的焦躁、緊張等。

或謂動物也和人一樣，會因爲緊張而引起掉毛，譬如猴子或獅子，一旦身邊出現了強敵，以致覓得食物的比例減低時，由於緊張，其頭毛或鬃毛就會掉脫。

所以，如果你不希望自己變成禿頭，就要儘量保持輕鬆的心情，不要讓生活太緊張，努力讓自己鬆懈下來，要懂得放開心胸，使自己的人生更樂觀、開朗些。

第(2)種觀點是內臟障礙造成的。

有很多生理學專家認爲，以遺傳因素掉毛的例子，遠不及受內臟狀況影響者多，他們深信一種俗說——頭髮乃是內臟的鏡子。

在人體的五臟六腑中，與頭髮特別有關係的就是腎臟與肺臟。

普通身體健康的人把氧氣吸入肺臟後，就會被血液輸送到全身，並且送到每一根毛髮。因此，如果肺臟的機能減弱，這種氧氣的供給情形就會不順利，形成掉毛的原因。

腎臟不好容易禿也是相同的道理。由於血液淨化不良，健康的血和氧氣無法輸送到髮根所致。

是故，不希望禿頭的人就儘量不要損傷肺臟與腎臟，並且盡可能呼吸乾淨的空氣，不要吸煙，重新規範你的飲食生活，平衡攝取各種營養，除非必要否則少喝酒。

只要能做到上述幾點，即可相當周全地預防掉頭髮，避免成爲禿頭。

使血液循環良好也可預防掉髮

接著說明第(3)點貧血與身體發冷，第(4)點頭髮維護不良。

首先談貧血，血液和頭髮有著密切的關係，這一點我們可從中醫將頭髮稱爲「血餘」獲得了解，即頭髮是血液多餘的部分。

倘若頭髮是血液製造的，那麼貧血與血液循環不良，在預防掉頭髮的對策中，即是最主要的負面因素。

所謂頭髮，就是紅血球變成「有毛細胞」以後而生長，不久即角質化，長出皮膚表面來。毛根的尖端叫毛球，毛球稍微凹陷的部分叫毛乳頭，而禿頭即是毛乳頭病變造成的。

因此，要讓病變的部位重生，就要有正確的飲食生活，使血液正常，並且讓紅血球增加。

血液是由食物製造的，即食物會造就一個人的體質，所以要預防頭髮脫落，就得保持平衡的

預防掉頭髮的方法

停止吸煙

攝取平衡而良好的營養

使用植物性洗髮精

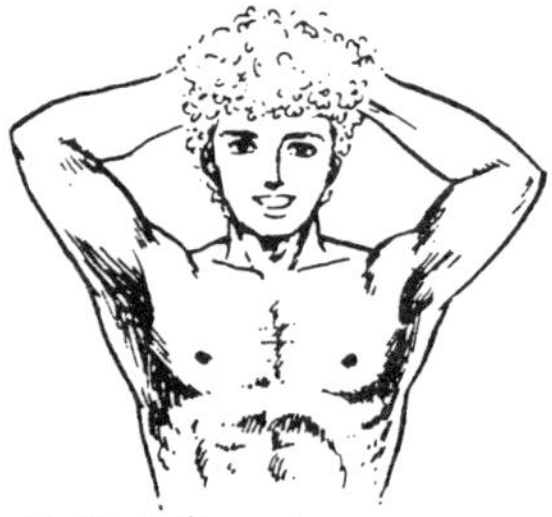

一星期洗髮二次以上

不要焦急或憂慮，保持開朗的心情

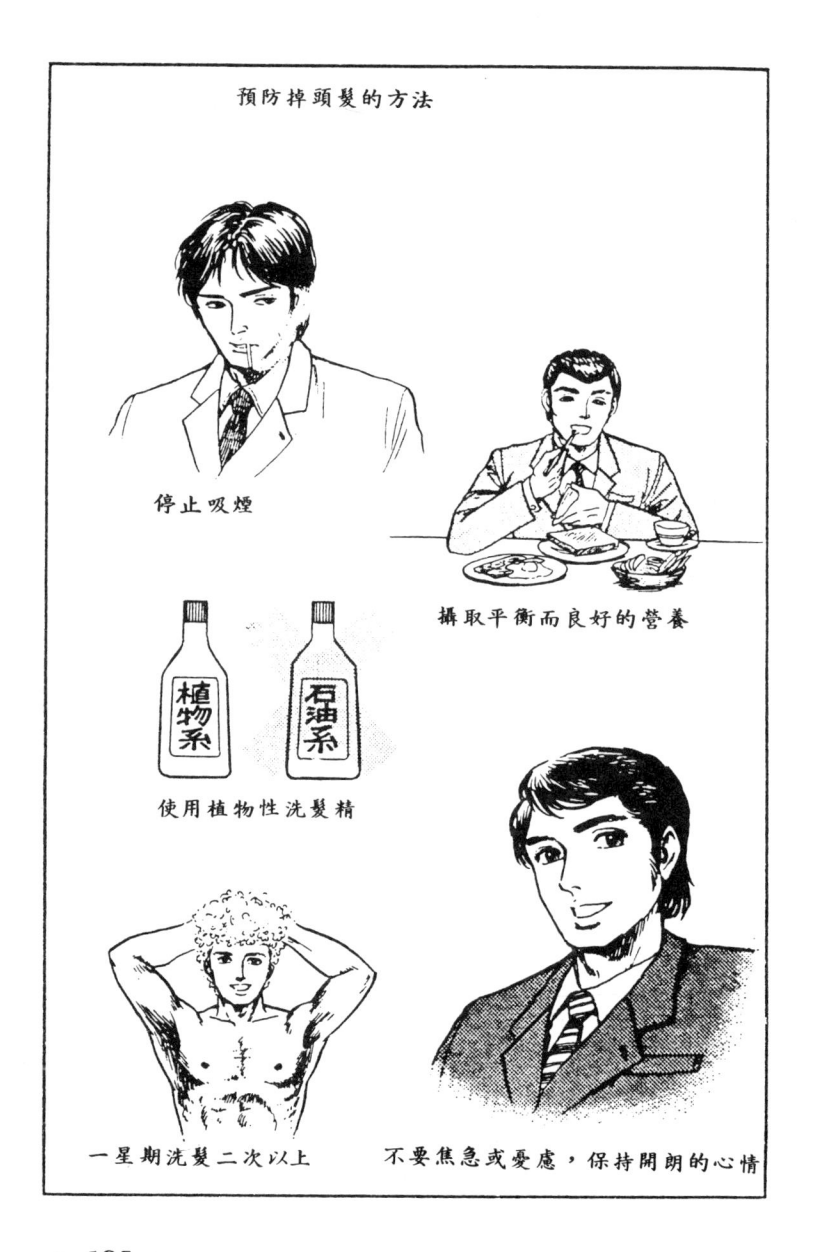

營養，從身體內部改善體質。

至於要改善第(4)點的「頭髮維護不良」，就要從表面做護髮工作，促進血液循環。

要預防掉頭髮的護髮重點，就是不要使用石油系列的洗髮劑，因爲這種洗髮劑會傷害頭皮。最好使用脫脂力較弱的植物性洗髮精，而且要常洗，洗好後則仔細沖洗乾淨。劣質而刺激性強的洗髮精，會從表皮傷害頭髮；其次，如果不常洗髮，汗水和油脂就會進入毛根，傷害毛乳頭，至於沒有沖洗乾淨，洗髮精也會侵入毛孔中，一樣會損及毛乳頭。

植髮可以消除禿髮的煩惱

前述的預防方法都沒有用，頭髮都掉光了該怎麼辦呢？倘若預防與治療都沒有用，最實際的態度，就是考慮禿了以後的對策。

近幾年來急速成長的假髮廠商，早已製造出無數巧妙的假髮，以供禿頭者使用。實際上，戴假髮的風氣已相當盛行，甚至已有很多愛好者，因而假髮可謂是禿頭的救星。然而，戴假髮就和戴帽子一樣，不但不會促使禿掉的頭髮長出來，由於假髮悶著頭部，致使頭部血液循環不佳，更會掉髮。

那麼，使用種植人造頭髮的方法你認爲如何呢？我個人認爲這種方法不錯，可惜根據有關的報導，問題仍然相當多。

首先是價錢昂貴，且必須耗費很多時間，但最重要的是好不容易種植上去的頭髮，會在短時間內就脫落，倘若只是脫落還好，有些人植髮的部位還有化膿現象，這才悽慘。

如此說來，最後的方法就是到整型外科去，採用移植自己的頭髮的方法了，亦即從頭髮多的部位取下部分頭髮，移植到沒有頭髮的部位。

經常有人問我：

「陰毛濃又長，是否可以用它移植呢？」

我個人也知道這是個很好的構想，但遺憾的是，陰毛和腋毛都是彎彎曲曲或捲捲的，卽毛的性質不同，所以不適合移植爲頭髮。

現在整型外科醫生所使用的方法，是從頭髮較多的部位，將直徑三－四厘米的帶髮頭皮切下來，植在禿掉的部位。這麼做就可以改善前禿或後禿，只不過治療需要很長的時間，並非短期卽可達成目的。

至於切下頭皮後所留下的弦月般痕跡，只要把皮膚縫起來就行了，這一點應該很容易了解。

嚴重的禿髮可能導致自殺，但是，如果有挽救的方法，又何苦獨自在那兒傷心落淚呢？

臉孔年輕心也年輕

不知是幸或不幸，人的容貌會隨著年紀而變化。

從幼兒到少年、少女、青年等階段的變化，我們稱之爲成長，而中、老年以後的變化，則以「老化」來形容，人的一生，最大問題就在於如何與想避也避不開的老化相處。

那個以學養豐富而著名的浮士德（Faust Johann·1480－1540·德國魔術師），不也爲了恢復自己的年輕，而把靈魂賣給了魔鬼嗎？因此，保持年輕乃是人類亙古不變的願望。

一般人的容貌都以二十五歲爲界開始老化，但比較明顯的老化是在過了三十歲以後，那麼，是什麼使老化明顯的呢？答案是皺紋。有些人一進入三十歲臉上很快地就增加了許多皺紋，包括魚尾紋、嘴角兩邊的笑紋、或額頭上的橫紋等，往往發現時已出現了很多；你會悚然一驚，深信自己眞的已開始老化。

皺紋的確是使人顯得蒼老的最大原因，而女人也似乎都本能地了解這一點，所以對於皺紋的出現非常敏感，一旦發現臉上有小小的皺紋，每天早晚必定會坐在鏡子前面，花個把小時仔細敷面、按摩等。如果有那個醫生說在臉上貼膠帶可以消除皺紋，必定有不少女人會如此做。我常想，爲了使自己更年輕美麗，女人確實非常勇敢。

倘若男女同事或丈夫偶然說這麼一句：

「哎，妳今天眞漂亮！」

「啊，妳的皮膚一點皺紋都沒有！」

即使明知那是奉承話，女人也一定會高興極了。彷彿女人都深深地了解，皺紋即是老化的象徵。

我認爲男人應該比女人更加敏感，儘量除去自己的皺紋，使自己看來更年輕。因爲，年輕能使對方對你的印象更好，使你顯得精力充沛，看來更可靠，使他人對你產生信賴感。

因此，如果你正爲自己外表看來比實際年齡老而煩惱，建議你考慮消除臉上的皺紋吧！

能立刻年輕十歲的除皺法

皮膚會有皺紋或鬆弛，乃是因爲皮膚少了彈性。

有些人過了三十歲以後，臉上的皺紋愈來愈深，皮膚因失去彈性而垮了下來，前額出現了橫紋，眉尖也有很深的直紋，上眼瞼比眼角下垂——這卽是中年人的臉孔。原因不只是老化，有時過度疲勞、緊張及壓力，都是形成皺紋的元兇。

要消除臉上的皺紋，可以使用敷面美容術，但最根本的治療方法，還是使用整型手術除去。

談到除皺手術，著名的國際影星伊莉莎白・泰勒，在主演『緣盡情未了』一片時，便扮演了一名去做除皺手術的婦人。我不知那是化妝的效果，或者她眞的去做除皺手術，反正她手術後突然變得很年輕，像是個充滿魅力的淑女，那種改變當眞令人屛息。

因爲做了除皺手術而聞名世界的是美國前總統福特夫人。當她去做拉皮手術的事實被報導出來以後，立刻就掀起了一陣風潮，幾乎全世界的第一夫人都去找整型外科醫生。此外，雷根總統

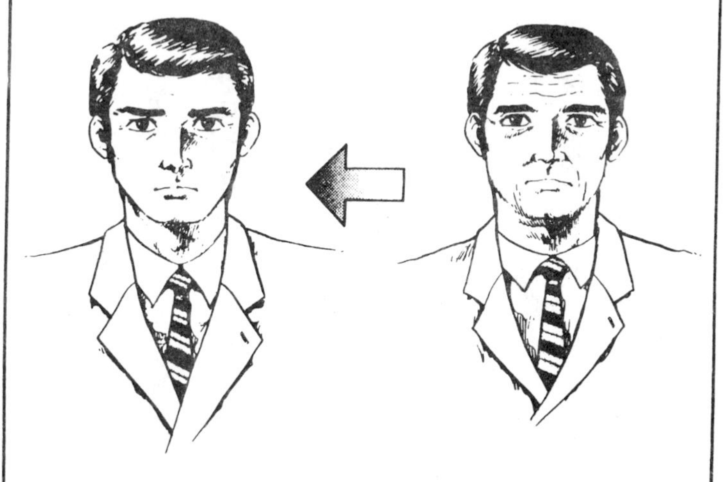

除去皺紋或贅肉可以使你年輕十歲

在選擧以前去做除皺手術的事實也名聞一時。

如今，美國女人已將這種除皺手術視爲十分平常的事，她們多半每隔五年卽帶著儲存下來的零用錢，去找整型外科醫生幫忙。

逐漸地，社會地位高的男士們也開始積極做這種除皺手術，因爲它對於公、私兩方面都有很大益處，而男人們也開始重視此一事實。

目前，除皺手術最容易除去皺紋的部位，就是下眼瞼的皺紋及下垂的肉、額頭的橫紋、臉頰的皺紋、頸部的贅肉等，現在還在開發中的則包括除去眉尖直紋及魚尾紋等有效的方法。

皺紋的範圍與部位，每個人多少都有

差別，但通常都可以做外科手術除去，費用依部位及大小從數萬元到十幾萬，手術後四－五天即可拆線，一－二週即可恢復正常生活。

我國的演藝人員、模特兒或從事夜間工作的人，泰半都接受過這種恢復年輕的手術，甚至許多大政治家或企業老闆，也都做過這種手術，只是我們沒有注意到而已，這種情形往後將會更加普遍。

一個人只要看來年輕，自然就會對自己產生信心，而這種信心便能促成一切成就，故不論是男人或女人，年輕都是人生中最有利的武器。

第四要件　對於自己的「傢伙」要有信心

不要和他人比大小

男性對於巨大性器的憧憬是非常強烈的，因為有些人深信，男人性器的大小即是性能力的象徵，同時也相信那「傢伙」要愈大愈能討女性歡喜，因而總希望自己的「傢伙」更大些。

以國際水準來說，東方人的性器尺寸的確比較小，以人種來比較，其大小依序為黑人、白人、黃人。

如果你看過色情書刋或成人電影，一定會發現黑人和白人的「傢伙」確實都很可觀。

可是在眞正劍鋒相向時，大概是黑人或白人比較缺少魄力的緣故，他們的「傢伙」似乎都缺少硬度，卽多半是軟綿綿的，不像東方人的「傢伙」，就像是一節節的松樹，還有血管浮出來。因此，我們不必因東方人的「傢伙」較小而自卑，質地還不差呢！

上次到歐美旅行時，我去參觀了美術館或博物館，結果發現不論是繪畫或雕刻，白種人的「傢伙」都像小孩的小鳥一樣，與他們魁梧宛如大力士般的軀體完全不相襯。在古代的藝術家筆下，古時候的人身體結實、肌肉隆起；然而，意料之外的是那部位卻十分可愛。

羅馬著名的梵蒂岡美術館，還有米開朗基羅畫在西斯丁大教堂天花板上的傑作，那些年輕、強壯又漂亮的群像的確十分吸引人；可是，他們的「傢伙」全都可愛得令人詑異。

更絕的是那些男人全是包莖。當然，像這樣的畫或雕像，雖然主題是在肉體美，但根本內涵卻是在強調精神美，所以在性方面的表現比較保守，但如果日本人的「傢伙」也那麼可愛，我相信他們一定都不敢去公共浴室。

據我所知，西方人包莖者非常多，而且他們的包莖不會因爲成長而消失，加上大部分的人都不割包皮，是故以西方人來說，包莖是正常現象，所以我們偶爾在成人電影中也會看到包莖的白人。

要有能夠向人誇耀的傢伙

談到這兒，也許有些人會認為，那我們東方人也不必介意包莖呀！事實上只要你不介意，在性行為或生殖機能上，確實沒有什麼值得一提的障礙，但是站在醫學立場來說，却是讓龜頭露出來比較好，其原因有三——

第一是龜頭露出來可以保持清潔，它在接觸外界空氣或衣服時，比較不易積存汚垢。

第二點也是基於相同的理由，因此不易感染細菌性的疾病，而經常罹患尿道炎者多半是包莖，原因卽於此。

也有一些專家認為，如果性器經常積存汚垢或不保持清潔，將很容易誘發癌症，因為根據資料統計，有百分之九十八罹患陰莖癌者都是包莖。實際上，美國的陰莖癌患者很多，可是，有施行割禮習俗的猶太人，却完全不見這種情形發生，是故，只要消除了包莖，卽可相當徹底地預防陰莖癌。

第三點是性方面的魅力也會增加。由於龜頭不斷地與內衣摩擦，接受刺激，也可促進龜頭的成長，使得「傢伙」的模樣更漂亮。特別是龜頭敏感的神經，因為經常與外物摩擦而變得遲鈍，也可治療早洩。

既然有這麼多的優點，縱然美術館畫中的男子都是包莖，我們還是讓龜頭部位經常露出來為

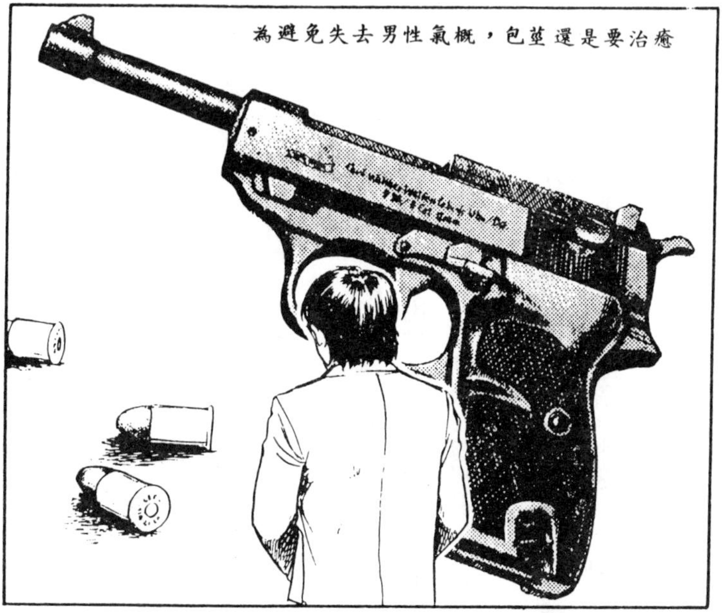
為避免失去男性氣概，包莖還是要治癒

佳。

其實，包莖的種類也有很多，有的情形較輕微，只要輕輕用手一掀卽可露出龜頭，是爲假性包莖，龜頭完全不會露出來者則爲眞性包莖。關於眞性包莖，有的人只是露出一點點排尿孔而已，非常嚴重，像這樣的人我建議你早點動手術。

手術非常簡單，只要局部麻醉卽可，現在也不需要爲了拆線再去醫院，卽手術後三個月就可以恢復平常的性生活。

一般的割包皮手術分爲兩種，其一是將接近龜頭部分的包皮輪狀切除；而歐美人常用的是另一種，卽切除靠近根部的包皮，然後再予以縫合。筆者以爲前者的方法較好。

有些人在割過包皮後泡熱水會覺得疼

痛，但很快卽可適應。既然割包皮可治療早洩及龜頭不發達，使你更受女性歡迎，當然是愈早手術愈好。

米開朗基羅的名畫的確不錯，但眞正要成爲強壯的男人，我認爲還是早日向包莖說再見爲上策。

讓女人狂喜的「好傢伙」六大要素

自筆者的醫療中心開業以後，便經常有女性雜誌的記者來訪，他們會問：

「男人的性器如何分好壞呢？有沒有一個具體的評分基準？」

每次遇到這樣的問題，我都不知該如何回答。

在我們日常生活的談話裏，常有人說：

「那個男人的傢伙以巨大出名……」

「如果我的傢伙像小電影的男主角那麼大就好了……」

似乎在日常生活中，人們已時常談論這樣的問題，不再像過去那麼保守。可是，一旦有人問我：

「所謂的好傢伙有什麼具體的標準呢？」

我仍很難正確地回答。所以，現在就讓我們仔細地探討一下。

提及那「傢伙」的好壞，多數人馬上會想到它的大小。然而我在前面已說過，那並不是大就好，只不過如果其他的條件都差不多，當然是愈大愈好。

亦卽那「傢伙」的確以既粗又長爲佳，但所謂的粗又長固然是「好傢伙」的必要條件，却不是充分的條件，卽使它很巨大，如果勃起度不夠或有早洩的毛病，就不能稱之爲「好傢伙」了。此外，形狀也是要件之一，長而尖端細者，不如短而粗大者理想。

那麼，如果長和粗都夠了，勃起力及持續力也都沒問題，而且又是大頭傢伙，是否就可稱爲絕好傢伙呢？我認爲還要注意一點，亦卽它是否很靈活？

如果你能自由自在地控制那傢伙，雲雨時男人就不必那麼忙著抽送，因爲你只要活動那傢伙，女人就會銷魂了。

也許你不知道，「傢伙」四周的肌肉可分爲隨意肌（可以自由自在活動的肌肉）及不隨意肌（不能隨意活動的肌肉）兩種，但經過鍛鍊以後，你可以使勃起的「傢伙」自由自在地動——實際上，我就認識一個可隨意轉動自己「傢伙」的人。

若是再加上這個條件，大概就可以稱之爲絕對的「好傢伙」了。

「我的傢伙不能那樣動，頂多只是尖端上下動四、五公分而已。」

相信有很多人都會沮喪地這麼說，其實你根本不必這樣快就沮喪，因爲卽使只是上下動幾公分，對女性而言也是非常強烈的刺激，特別是「傢伙」因勃起而上下彈動時，因爲根部血管會怒漲變粗，也會刺激女性陰道入口的敏感部位。

只要女性的感受性強，男人的「傢伙」只需這麼動幾下卽可達到高潮，這不是很好嗎？因此，女性的感性也是相對因素之一。

無論如何，只要你勤於鍛鍊，自然能成爲「好傢伙」。

卽使「傢伙」不怎麼樣也可以技巧取勝

爲了答覆女性雜誌所提出的問題，我做了一個裁定「好傢伙」的具體基準表。如果你有時間，只要參考一下這個基準表，卽可明瞭何謂「好傢伙」。

你的得分如何呢？如果六項都是滿分，卽是六十分，但我相信沒有人能夠得到滿分。

經我測驗的結果，一百人當中只有一個人獲得滿分，那眞是個優秀的「傢伙」。此外，有五十分以上的人都可以稱之爲「好傢伙」，其機率是十人當中大約有一、二人。

據了解，大部分男性都在四十二－四十八分的範圍內，可說是相當不錯的「傢伙」，當然已具備了可以充分滿足女性的性能。若是在四十分以下，則屬於平凡的「傢伙」，但如果你懂得善用技巧，平凡的「傢伙」照樣可以和「好傢伙」媲美，所以，千萬不要因爲自己的「傢伙」條件差而自卑。

據我所知，就有很多人的「傢伙」平凡極了，但因爲懂得以愛情和技巧獲得女性歡心，所以

測驗你的「傢伙」優劣

	10 分	8 分	6 分	4 分
長度	勃起時有14公分以上	不及14公分，11公分以上	不及11公分，8公分以上	不及8公分
粗細	勃起時直徑在4公分以上	不及4公分，3.5公分以上	不及3.5公分，3公分以上	不及3公分
形狀	龜頭部份明顯突出	雖然兩邊突出但是稍小	只有一點點突出	旁邊都沒有突出
勃起力	相當強勁有力地向上高舉	強度夠但是上舉角度只有30度	稍軟而角度水平	軟軟地下垂
持續力	只要有意可持續一小時	包括抽送運動可保持20分鐘	普通動作可持續10分鐘	普通動作可持續5分鐘
轉動	可上下左右自由轉動	可上下動20度以上	上下動10度以上	上下動10度以內

反而博得了許多女性的青睞。

無論如何，這個基準表只是我個人的意見，你可以當參考資料，但絕不可根據它來評定男人的價值。

動個小手術就可成為「好傢伙」

男人對於自己的「傢伙」好壞都很介意，有些人會這麽說：

「我和別人一樣會勃起，可是那『傢伙』看來很小，這怎麽能讓女人高興呢？」

實際上抱有這種疑惑的人並不少。有的人拿自己的「傢伙」和許多雜誌上所刊登的平均尺寸比較，然後爲「我的怎麽看都比標準小」而耿耿於懷，甚或爲之困擾不已。

我在前面已提到過，介意這種事本身卽是很奇怪的念頭，因爲一般來說，只要勃起時有十公分長，圓周有七公分，卽可與女性的性器充分結合。

何況，女性的身體富有充分的適應力，不論男人的「傢伙」或大或小都能適應，有的女性陰道較淺較窄，反而覺得尺寸小一些的「傢伙」適合。因此，爲了比平均值或長或短，或粗或細而一喜一憂者，可說是天底下最愚蠢的人。然而，依舊有很多人會如此說：

「我也知道這個道理，但是，我仍然希望自己的傢伙更棒！」

對於這種渴望自己的「傢伙」更具有威力，以期能讓女性滿足的願望，我知道有一個解決的偏方，亦卽以人爲的方式把「傢伙」變粗，但這並不是眞正優秀的方法，因爲它可能會帶來不良的後果。

也許你聽過這種改造性器的手術，它名之爲「入珠」，也卽是在陰莖四周埋入珍珠，當然，有些人是眞的使用珍珠，但多半都是埋入對身體不會有太大副作用的矽珠。

一般是沿著陰莖的四周，埋入四－六個直徑〇・八公分的矽珠，位置是在龜頭下方。做過這種手術以後，龜頭下方就等於變粗了，加上珠子所造成的凹凸不平，所以會給予女性很強烈的刺激。

如果要做得更精緻，也有人在陰莖根部做環狀入珠，甚至在恥骨皮下也加入幾個，如此在雲雨時，這些珠子就會在女性的性器內外形成強烈的刺激，如是，卽使是再遲鈍的女性也會瘋狂。

據我所知，入珠的最高記錄是埋入四十幾個珠子。

由於這是一種偏方，是以人爲的方式改變自然的生理構造，有的人其實自己的「傢伙」並不眞的很小，但爲了尋求刺激，因而找密醫做這種手術，結果弄巧成拙，造成許多可悲的後果，所以，社會上極力排斥這種手術。

我本身並沒有爲顧客做這種手術，但我知道有很多同行都在做。對於這種手術，我的看法是——除非必要不可輕易嘗試，如果有意嘗試，一定要找合格的整型外科醫生做，千萬不要因錯誤的心態而去找密醫，這樣最後可能反而會害了自己。

第五要件　增強性能力的方法

永遠強又壯

如果你看過色情書刊，就會知道那裏面經常有很多強精壯陽的廣告，其實也不一定是色情書刊，幾個男人湊在一起聊天時，往往很自然地就會談到這方面的話題，而一旦談到這方面的話題，大家一定會更有精神，說起話來也更熱絡了。

「哇！你一個星期可以來兩次啊，那你不錯嘛，我一星期有一次就很不錯了，而且，這一次往往還需要太太鼓勵才行……」

「嘿，你有沒有聽說過金冷法，好像很有效的樣子……」

「不不不，我認爲日本人的九龍虫更有效，因爲日本人最好此道了……」

「聽說黑人在我們這種年紀每天晚上都可以來一下，眞不知道體力怎麼會有這樣的差別……」

「還說呢，我們的常務董事都已經年過六十，聽說他每天晚上都行，那才叫人無法相信呢！」

」

像這一類的話可說談都談不完，由此可知，男人都希望自己永遠保持強壯。

我有一個在傳播界工作的朋友K，他曾經說過這樣的話：

「聽說男人老化的順序是牙齒、眼睛、性器，但是牙齒掉了有假牙可用，眼睛花了也可以戴老花眼鏡或隱形眼鏡，唯獨性器老化了却沒有代用品，所以這個問題最嚴重。」

很多人在性方面不行了就會突然變得很蒼老，這也許是性生活上的自卑所帶來的落寞造成的。

當然，每個人的老化程度都有差別，但隨著年紀漸長，性能力會逐漸衰退乃是共通現象，所以，長生不老一直是古今中外人類所熱中的問題。

在一個男人的一生當中，三、四十歲可說是最強壯的時期，這時的希望是只要有意，最好有每天都能來一下的體力；到了六十歲是一週至少有一次，七、八十歲是十天至少有一次。

男人對於性能力的期望，並不能稱之爲「好色的願望」，正如本書所一再強調的，性能力強的男人，在工作上必定也精力充沛，腦筋也會很機靈，這也正是一個男人迷人之處。

因此，步入中年以後應如何保持年輕的性能力，是一個非常重要的問題。

如何增強性能力

以一個醫生的立場看來，會影響性能力的因素可分爲四。第一點是營養狀態，第二點是有沒有性的刺激物存在，第三點是有沒有緊張壓力，第四點是有關人種與先天的資質。

亦卽平時就常吃營養而可以增加精力的食物，身邊經常有幾十個年輕貌美的女子（性的刺激物），在工作方面沒有任何壓力，而且，天生就有非常強壯的體質，如是，無論那一個人都可以保持充沛的精力。

然而，這樣的環境簡直可以說是夢想，從歷史上看來，我國的皇帝也許有近似這種情形，而他們的確可以連日和美女雲雨，充分發揮能夠坐擁後宮三千佳麗的體力。

可是以現在的薪水階級來說，這種情形根本不可能發生；所以，我們必須根據現有的環境，來考慮如何增加精力的問題。

在前述決定性能力的四個要素當中，第四點的人種與先天資質問題，乃是再努力也無濟於事的部分，因爲有的人天生就比較強壯，有的人則天生孱弱，這是個人的運氣，再怎麼說也於事無補。

不過，除了極端病弱的體質外，一般人實在沒有必要太介意先天體質。

譬如黑人在性方面很強已是不爭的事實，但是，與其說他們的身體強壯，還不如說是所吃的食物及勤於鍛鍊造成的。而且，在高度文明的社會中，能夠在日以繼夜都有激烈壓力的情形下工作的黑人知識份子，與白人或黃人比較，可謂沒有什麼差別。別。

是故，根本不必太介意先天體質的問題，也不要認爲「我就是天生這麼孱弱」，應該對於增強精力具有信心。

你只要注意攝取平衡的營養與強精食物，利用性的刺激以促進荷爾蒙的分泌，同時設法消除生活中的緊張與壓力，你的精力自可確實地增強。

使男性更强壯的飲食生活革命

關於利用食物增加精力的說法，從古至今可謂不勝枚擧。

自古以來，人們卽深信可以增強男人性能力的食物非常多，包括海狗鞭、鹿茸、山藥、大蒜、高麗蔘、鰻魚、貝類、鼈等都是。此外，據說要和女人翻雲覆雨以前，喝鼈或蛇的鮮血也非常有效。

然而，所謂強精食物的效用，實際上只不過是一種暗示，亦卽自己告訴自己：

「我已經喝了鼈血，也吃了大蒜，唔，今天晚上一定會很壯。」

只要有了這樣的信心，自然會眞的很強壯，但也可能因此過分依賴這種強精食物，如果沒有吃就毫無信心，並因而無法與女人做愛，到達這種地步，未免也太可憐了。

如果你是正値壯年的中年男人，千萬不要依賴這種食物或強精藥品，最重要的還是有平衡良

絶不吝於對自己的身體做投資

好的飲食生活。

假如你每天過的是早餐不吃，中午隨便吃碗麵，晚上則在小吃店喝一杯的日子，這樣卽使吃強精食物也不會有效，因爲營養不足會造成基本體力衰弱，這樣縱使吃強精食物，也無助於增加體力。

東方人一般所謂的營養食物，主要就是指高脂肪、高蛋白、維他命及礦物質等平衡而含量豐富的菜餚，至於澱粉，多數人本來就有攝取過量的傾向，所以還是少吃些爲妙。

所謂高蛋白，卽是品質良好的蛋白源。一般所謂的良質蛋白質，就是新鮮的魚和肉，而且最好是以魚排、牛排或豬排的方式吃，這樣它的養分才不會被破壞，同時也容易吸收。

至於脂肪，一般認爲動物性脂肪不及植物性脂肪好，而最具代表性的良質植物性脂肪，就是沙拉油。植物性脂肪的優點之一，就是具有預防動脈硬化的功能。

其次是維他命類與礦物質，通常只要每天吃新鮮蔬菜、小魚、貝類及海藻類等，大致就不會有問題。

關於精力與體力的問題，千萬不要吝於花費，因爲身體乃是一切的根本，絕對忽略不得。

只要你覺得某種食物好吃、營養，不妨就儘量吃，因爲通常你實際想吃某種東西時，必定就是你的身體需要那種養分。只要把握這個原則，必然可以攝取到充分的營養。

另外，平常吃慣的食物如山藥、海鰻等含有粘性的食品，多半對於性能力都有益處，這不一定是迷信，因爲這種吃起來粘粘的食物，不例外的都含有粘液的成份，而這種叫粘液的東西可以增加睪丸的重量，並使其作用明顯地活性化。

因此，你從現在開始就要注意改善飲食生活。

其第一要訣是不可不吃早餐，其內容如麵包、新鮮蔬菜、奶品等都可多吃。中餐則一定要吃裙帶菜（或名海帶芽）、山藥等。

吃中餐要多利用小菜，這樣就可以吃到較營養的牛排、豬排等。我要再強調的是，不要吝於對自己身體的投資，因爲健康的身體卽是一切的根本。

改善了飲食生活，自然會強化你的基礎體力，如是，你的精力及性能力必定更旺盛，因工作或打高爾夫球的疲倦也會消失，而有了旺盛的精力與強壯的體魄，自然就會吸引女性的注意。

真假强精食物

你聽過曼陀羅花、印度大麻、士的寧等催淫劑的名字嗎？

這些催淫劑含有天仙子胺、阿托品、塩基性化合物等成份，具有直接刺激人的性欲中樞及勃起中樞，並使之興奮的作用。因此，卽使是那「傢伙」軟綿綿的老年人，也能夠在短時間內使之勃起。

但是，這種催淫劑的作用都是暫時性的，它只是勉強刺激中樞神經提高情欲，以達成勃起的目的，所以多半含有強烈的毒性，眞正的效果是會使精力減退。這就好像麻藥可以帶來暫時的麻醉，但繼續使用却反而會破壞身體，所以，外行人因好奇而使用，結果只是有害無益。

關於這一點，古來傳說的強精食品或強精劑等，多半都沒有這種危險性，但效果却有若干相近的地方。

所謂的強精食品，可大分爲植物性及動物性，後者具有代表性的就是海狗鞭、鹿茸、活鼈的血、鰻魚、鯉魚等，前者如高麗蔘、大蒜、山藥、薤菜等都是。

關於海狗或牛的性器或睪丸等，具有強精效用的說法，可說乃是一種自我暗示效果，卽認爲「吃了生殖力強的動物性器，自己的性能力也會增強」，於是自己就有了信心——廣義言之，這何嘗不是一種強精作用？

其次，以營養學的立場來說，鹿茸的確具有某程度的強精作用，尤其是年輕鹿的角，因爲這種茸的膠質含有軟骨素的成份，而這種成份據說可以預防動脈硬化，並保持細胞的年輕，促使肝臟機能旺盛，具有使身體保持年輕的作用。中國菜裏的魚翅、燕窩等，也具有相同的效果。

至於活蛇或活鼈的血，遺憾的是並未研究出其強精效用，只知道這種冷血動物的血液含有很多鈣離子，也許對於貧血的治療或體力的恢復效果良好，但偶爾喝一小杯，恐怕無法期待任何效果。

相形之下，高麗蔘的效果反而比較好，雖然至今還沒有人了解它的藥效原由，可是對老鼠進行實驗的結果，發現它能使睪丸內的核酸與蛋白質的合成旺盛，促進精子的形成。若照醫生的指示適量服用，應該具有強精的效用。

大蒜含有蒜素成份，可以恢復體力，並增加持續力，而由蒜素生成的乙酰膽鹼，也有助於勃起作用，因而可說是最廉價的強精食品。

無論如何，有關上述的強精食品，我要強調的是亂吃絕不會有任何效用，亦即一定要有平衡的飲食生活爲前提才有效。

不良中年不例外的都很强壯

經常和年輕女性談情說愛可使精力更旺盛

男人性能力的強弱，主要就是看能否頻繁地完全勃起。假定你自認為房中術的技巧高明，但一個月却只能來那麼一次，那麼你依然只能算是弱者；所以，問題的癥結還是在勃起力的強弱。

話說回來，所謂勃起現象的過程究竟如何呢？現在讓我們來做醫學上的說明。

無論是那個男人，看到年輕女性渾圓而富有彈性的臀部，或者在胡思亂想時，一定都有那「傢伙」不聽話的經驗。有時和意志無關，卽單純的機械性摩擦也會造成勃起，而這種現象乃是因為大腦受到刺激，或者局部受到物理性的刺激，致使骶髓內的勃起中樞興奮之故。

勃起中樞受到刺激之後，會立刻傳達命令給骨盤神經，同時猛把血液輸入陰莖的海綿體，而這個海綿體平時是由動脈控制的，不會隨便充血。

不過一旦受到性的刺激，這種控制就會閉鎖，於是血液就流入海綿體內，發生充血現象，因而陰莖會逐漸硬起來，這種現象一旦持續下來，即是所謂的勃起現象。

因此，所謂勃起力的強弱，即是指骶髓的勃起中樞作用如何。隨著年紀增長，由於老化現象，勃起中樞的作用會減弱，這時隨便刺激也不會發生作用，便是精力衰退的證明。

爲了要與這種衰退現象對抗，最好四周有許多女性圍繞著，因爲這樣的性刺激可以使得荷爾蒙分泌旺盛，男性機能也會活潑化。是故，如果你正在爲自己的精力減退而煩惱，我建議你去風流一下，偶爾有個年輕的情人，你一定能時時保持著旺盛的精力。

不過，以道德的立場而言，身爲醫生的我並不鼓勵你如此做。

當然，如果你是個沒有權勢的窮光蛋，也許你會問：

「如果我沒有錢也沒有權，我該怎麽辦呢？」

關於這個問題，醫生所能給予你而絕不會錯誤的勸告，就是儘量保持身體健康，同時成爲精神不健康的不良中年。

簡言之，也就是做個愛玩愛風流的健康人，絕不要做臉色蒼白的工蜂。

當然，也許你的工作能力很強，但要懂得適當地予以控制，在公司裏也不要老是想出人頭地，偶爾喝點酒玩玩，看到漂亮的女人不妨沾沾手，同時不要忘了做運動鍛鍊身體，並偏好營養豐富的美食等，這樣，你就不會因爲工作壓力而緊張兮兮；卽使有壓力，也會很快卽發散出去。

只要你經常跟在女人身後說些俏皮話，荷爾蒙分泌就會很旺盛，加上平時卽注意鍛鍊身體，攝取營養豐富的食物，當然就會顯得精力充沛。如果你時常仔細觀察四周的人，你必定會發現，這種男人在性方面必定都很有力，卽使年紀稍大也不衰退，更不可思議的是，在事業方面往往也都能飛黃騰達。

相反的，想要很快在公司裏成爲管理級幹部的人，由於心理上的壓力很大，精力往往很快便會低落。

我認爲這樣的人最傻了，因爲現代人的平均壽命愈來愈長，與其戰戰兢兢地想要往上爬，還不如讓自己輕鬆、愉快些；實際上，這種心理悠哉的人反而在工作上最有持續力。

到九十歲依然保有男性氣魄

假如你已是個典型的不良中年人，那麼，你的性魅力究竟能保持到幾歲呢？

我可以先告訴你結論，只要你的條件足夠，卽使到八、九十歲也沒有問題。

你是否知道曾有人超過百歲還能生小孩的記錄，還有威士忌商標「Old Pass」的由來——奧巴原本是英國農民，他一直活到一百五十二歲才離開人世，據說，他的正確姓名是湯瑪斯・得・巴，而他所以聞名於世，是因爲他在九十幾歲時還強暴了一名十八歲的村姑。

當然，對女性施暴可謂犯了滔天大罪，但是，以九十幾歲的高齡還能施暴，却是值得頒給勳章。英國人渴望擁有他那般難得的長壽及充沛精力，於是根據他的名字命名他所愛喝的威士忌酒，此即「Old Pass」一名的由來。

東方人除了特殊的例子以外，過了七十歲差不多精力都燃燒殆盡了，八十歲可說已是上限，到了九十歲，差不多聽覺也都不行啦！

但如果你今年是四十歲，距離九十歲可謂還有五十年光陰，如在這漫長的歲月裏完全不能享受性生活，人生將是多麼乏味呀？

「唉，我現在才四十歲，可是一個月頂多只想抱老婆一、二次，如果這種情形再惡化下去，根本不可能持續到七、八十歲。」

現代人幾乎都有這樣的不安。

的確，四十歲一個月好不容易才來個一、二次的人，根本不可能持續到七、八十歲，實際上，很多人到了五、六十歲就失去「用武」的能力了。

然而，在平均壽命愈來愈長的現代社會，五、六十歲即乾枯了，以後幾十年該怎麼辦呢？爲了保有男性魅力到九十歲，甚至持續到死亡，最重要的就是從現在開始努力；當然，更重要的是你一定要看完本書。

第六要件　依靠自己的意志克服煙和酒

大煙槍已抬不起頭的時代

前些時候我到美國去旅行了一段時間，深深地感覺到吸煙的人要在美國生活，眞是愈來愈不方便了。

如果你經常在國內旅行，也許會注意到飛機上有「禁煙座」的事實；然而美國人對於吸煙者的排斥更是徹底，你只要坐上飛機，空中小姐就會說：

「只有十一十七排的座位可以吸煙。」

卽原則上飛機裏是禁止吸煙的，如果你一定要吸，也只有一個小小的地方允許你做香煙神仙。那一刻，我眞有種像是遭受特殊待遇的少數民族的感覺。

說實在的，過去我一天至少要抽六包短型煙，但是我却在這次旅行中完全戒掉了，原因是我不喜歡差別待遇，而當時我唯一能做的就是不吸煙。

也許是這種禁煙風氣使然，到那裏都可以看到兩週卽可完全戒煙的講習廣告，不論是街上的招牌或報紙上的廣告都有，以致你會產生一種錯覺，彷彿戒煙已成了普遍的社會運動。

其實，吸煙被視為壞事是有原因的，因為不只是吸煙者本身會罹患肺癌，連一旁的非吸煙者也會受其影響。

不過，也有人對這種說法提出抗議，他們認為吸煙和肺癌沒有明顯關係；有的人則強調吸煙可以鬆弛緊張的神經，可說是消除精神壓力的妙藥。

當然，可能是我本來也愛吸煙，所以，我對於現在近乎歇斯底里的方式攻擊吸煙者的風氣，多少有著抗拒意識，我認為只要不影響他人，任何人都可以自由地吸煙。

但如果先說結論，可能的話還是不吸煙為妙，因為吸煙會使你的性能力顯著減退。

香煙會成為陽萎的原因

美國的艾爾明・奧休納博士表示：

「根據長久以來的臨床經驗，我們已確定吸煙是陽萎的最大原因，尤其是年輕人的情形最嚴重。」

博士過去曾經向幾百名吸煙者提議戒煙，而眞正戒煙成功者，毫無例外的都表示「精神穩定度增加、食欲旺盛且嗅覺和味覺都更靈敏」，在同一個報告中，也有人提出了「和吸煙時比較，性能力顯著地強多了」的結論。

換句話說，吸煙會造成精神不穩定、食欲減退及嗅覺與味覺的弱化。

因爲奥休納博士原本就對戒煙運動非常熱心，所以他的報告也許不能完全採信；但根據我自己的戒煙經驗，我知道戒煙後食慾會大增，覺得食物比以前美味，這一點倒是百分之百可以採信，因爲我就是這樣胖了五公斤。

此外，在性能力方面也有很顯著的差別，最近妻子的情緒很好卽是最佳證明。我曾經問過有相同經驗的人，他們也都回答「好像精力也增加了」，至少沒有人回答減退了。

如此看來，凡是精力開始減退的中年人，利用戒煙使自己的精力充沛，可說也是一種聰明的

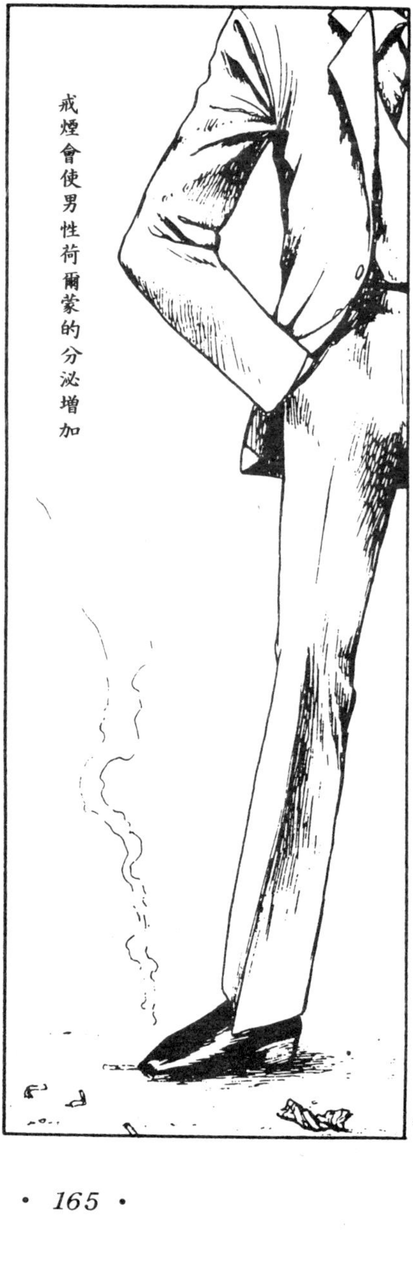

戒煙會使男性荷爾蒙的分泌增加

方法。

可是，何以香煙會使性能力弱化呢？關於這點，我們先來看看M・H・布里克斯博士的有趣假設。

吸煙會使血液中的一氧化碳增加，而這種現象可能會抑制睪丸中某種製造精子的細胞活性，致使睪丸脂酮（一種男性荷爾蒙）的分泌受到抑制，因而減低了性能力——實際上，我們也測量過吸煙者與不吸煙者的血中睪丸脂酮含量，證明了吸煙者的確較少。

所幸因吸煙而減少的男性荷爾蒙，可以因為戒煙而很快恢復。根據布里克斯博士的調查，大約只需戒煙一週就會有效果出現，如果長期繼續戒煙，卽可恢復到沒有吸煙時的水準。

所以，由結論來說當然是早一天戒煙最好，這樣你不但不必忍受肺癌的威脅，不必再看到不吸煙者的白眼，同時性能力也會增強。我這麼說也許對公賣局不利，但是，我仍然不得不勸大家戒煙。

喝酒並不能預防早洩

和香煙一樣成爲問題焦點的是酒。那麼，有關酒的情形又如何呢？

習慣性喝酒也會使性能力降低，所以需要注意。

根據匹茲堡大學教授D・H・席爾博士的研究，假如習慣性地繼續大量飲酒，大約二一—五年

壯年人工作情緒低落時喝酒的方法
一週至少有二、三天不喝酒
WISKEY
稀釋後頂多喝二、三杯
要以良質蛋白質食物為
下酒菜

之間，有百分之七十的男性會陽萎。

原因是大量的酒精會使男性的睪丸組織萎縮，因而睪丸脂酮的分泌量減少之故。

可是，常聽說有早洩習慣的男性，在喝酒後可增加持續力，這又是怎麼回事呢？

酒的確能使神經鈍化，在短時間內的確是治療早洩的良策，然而席爾博士却警告道：這當中有個危險的陷阱。

據席爾博士所言，酒可以增強性的持續力乃是一種心理作用，如果一再重複利用這種心理作用，它的效果必然降低。當事者爲了增強效果，只得喝得比以前更多，這種情形一再地惡性循環，酒量便逐漸增加，最後就變成了眞正的酒精中毒。

這卽是原本爲了解除性生活的不滿而喝酒，結果却變成酒精中毒的原因。

古時候也有酒鬼不會傳宗接代的說法，看來這種傳說還頗有道理。

壯年人工作情緒低落時喝酒的方法

現在說明使你成爲強壯男性的喝酒方法。

首先要注意喝酒的次數，絕對要避免連日繼續喝酒，因爲一旦體內的酒精沒有完全排出，又攝取新的酒精進來，這種情形持續下去，就會逐漸變成酒精中毒。

美國有許多學者主張一週頂多喝兩天酒，可是對壯年或中年人來說，往往不容易做到這一點。

因此，我提議一週至少二、三天完全不喝酒，譬如先規定一週的二、四、日三天爲無酒日，然後盡可能遵守它，假如因爲工作的關係一定要喝酒，那麼第二天就不要喝酒，學著自己安排調配。

其次是酒量問題。若是稀釋的威士忌，一次頂多喝二杯到四杯，啤酒以一瓶爲限，一般較淡的酒是二杯，只要慢慢喝，這些酒量已足夠喝一個晚上。當然，如果減少了喝酒的次數，可是每次都喝得醉醺醺一樣沒有用。

此外，下酒菜要避免太鹹，而且喝酒前一定要先吃一些良質蛋白質食物，然後才開始喝酒。若什麼也不吃而只喝酒，對身體健康危害最大。

只要懂得喝酒的方法，而且能掌握上述的要領，絕不會對身體有害，也不會在酒席上失態。

治療陽萎的最新醫學

不論原因是酒、煙或嚴重的工作壓力，不幸發生了陽萎現象該怎麼辦呢？

若是遲洩或早洩還有救，但發生連擧都擧不起來的陽萎就麻煩了，這對男人而言可說是無藥可救的毛病。想想看，縱然你渴望得要命，那「傢伙」却總是垂頭喪氣地不理你，讓你莫可奈何，不是很悲哀嗎？

如果只是心因性的陽萎，也許還有一線光明，倘若只是輕度陽萎，只要改變情緒就有可能治癒；我常聽到某某人因身心症而陽萎，但是在心理恢復健康後陽萎也不治而癒了。由此可知，除非情形非常嚴重，否則也可以用心理療法除去精神障礙。

但問題就在於那些以心理療法無法治癒的，因嚴重外傷或內臟障礙引起的器官性障礙。

不過筆者在前面也提到過，外科手術也可以治癒陽萎，方法就是在陰莖的海棉體中填埋矽製的長芯，讓陰莖保有一定的硬度，這樣就可以雲雨了。

只是這種手術會使陰莖經常保持一定的長度與硬度，當然，長度也是以手指用力拉一般陰莖時的長度為限，所以比完全勃起時的陰莖短，不過粗和硬度却不遜於普通陰莖勃起時的情形。

唯一要注意的是，由於陰莖經常保持著一定的長度與硬度，所以平時褲子看來卽很擁擠，此外沒有其他問題，甚至排尿時也不會有不適的感覺。

性行為時一定要用一手扶著陰莖插入，此外一切都會很順利，也可以充分讓女性達到高潮。

像這樣的治療陽萎手術，所需時間為一—一個半小時，只需腰椎麻醉卽可，手術時完全不會痛，但是要住院三—七天。

最近有個來醫療中心接受手術的男性告訴我：

「哇！可以和女人做愛眞棒，還可以讓女人充份喜悅，我等於重新恢復男人的信心了。」給予我非常強烈的印象。

第七要件　應該擁有性方面的必要技巧

值得閱讀的古代經典

由於西風東漸，有關性開放的問題已逐漸在社會上普及化，如今，除了年紀非常大的老年人以外，一般人在街頭上看到年輕男女做一些親熱動作也不會再大驚小怪了。

相同的，一些原本被禁止出版的古代性醫學經典，也偶爾可以在書報攤上看到了。在偶然的機會裏，我拿到了一部古代性愛學經典「素女經」，仔細翻閱之後，我發覺以現代醫學的立場來說，這種經典對於現代人依然十分有益；至少，它比一些地攤上亂七八糟的醫學書強多了，而且，作者對於性的看法也頗爲誠摯、合理。

也許你曾聽過「八淺二深，右三左三」的性愛技巧，如果你瞭解徹底些，就知道要做到這些技巧，最重要的就是男人一定要有持續力。

換句話說，如果你沒有持續力，你的技巧再高明也沒有用，相對的，「素女經」裏的體位記載也毫無用武可能，關於這一點，筆者會在下一節中詳談。

我以爲「素女經」可說是東方性醫學的精髓，根據考據，「素女經」是在後漢（西元二七一二〇七年）至三國時代（西元二二〇－二六四年）之間寫的，至於內容大要，據說是黃帝求教於當時的房中術權威——一位名喚素女的女子，而由她回答的有關房中術種種的記載。

令人震撼的體位變化法

這一部古典性書的主張是，學會了正確的性愛技巧不但能獲得快感，同時也有益於健康長壽。當然，這當中難免會有一些荒誕不稽的地方；但是，也有很多說法在醫學上是已經獲得肯定，和現在許多以彩色圖片爲主的性科學書籍比較，我認爲這種說明「氣心合一」的「素女經」更有意義。以下僅簡單介紹一部分「素女經」中所教導的性愛技巧——

「令女正偃臥向上　男伏其上　股隱於牀　女擧其陰　臥受玉莖　刺其穀實　又攻其上　疏緩動搖　八淺二深　死往生返　勢壯且強　女則煩悅　其樂如倡　致自閉固　百病消亡　」

這個體位卽所謂的正常位，從古至今，這種體位顯然最大衆化。讀這部書的要訣是一個字一個字慢慢地了解，然後你就會完全明白了。

其中有幾句難懂的部分需要解釋，譬如「刺其穀實」，就是以陰莖去頂陰蒂，而「死往生返」是指送入時要緩而慢，抽出來時則要快而速。「其樂如倡」是指發出如歌女般愉悅的歌聲，只要做到如此，卽可達到消除百病的願望。

「令女俯伏尻仰首　伏男跪其後　抱其腹　乃內玉莖刺其中極　務令深密　進退相薄　行五八之數　其度自得　女陰閉張　精液外溢畢而休息　百病不發　男益盛　」

這個體位就是典型的背後位，女人如狗般四肢落地，男人則從後方挿入的方法。「行五八之數」是指要抽送四十次之多，「女陰閉張」是指可以聽到女性愛液隨著動作發出的聲音，並非指男性的精液。謂採用這樣的體位可預防百病，男人也會更強壯。

「令女偃臥　男擔其股　膝返還過胸　尻背俱舉　乃內玉莖刺其臭鼠　女煩動搖　精液如雨　男深案之　極壯且怒　女快乃止　百病自癒　」

只要慢慢地一字一句看下去，應該大致可以明白。這是男人將女方雙腿扛在肩上的體位，亦即正常位的變化。「臭鼠」是指陰道內的子宮頸。

因爲這種體位的結合度很深，所以有很多人都喜歡這種體位。其體位變化是只舉一腿。

「男正反臥　直伸腳　女跨其上　膝在外邊　女背頭向足　抳度俯頭　乃內玉莖刺其琴絃　女快精液流出如泉　欣喜和樂　動其神形　女快乃止　百病不生　」

這是女性上位的騎乘位，不過她的臉孔要朝向男人腳的方向。當然也可以改用面對面的騎乘位，如「男正偃臥　女跨其上　兩股向前……」即是面對面的女上位。

除了女性上位或男性上位外，「素女經」中並沒有漏掉側臥位——

「令女側臥　屈左膝　伸其右肶　男伏刺之　行五九數　數畢止　令人關節調和　股治女閉

血日五行　十日愈　」

書中談了很多種側臥位，這只是其中之一「屈左膝　伸其右肶」，是指彎曲左膝伸直右腿，當然改變左右腿及方向都沒有關係。「男伏刺之」是指男人趴在女人身上交合，「行五九數」是抽送四十五次之意。最後表示採用這種體位可使男性關節通暢，女性可治月經不順。

「素女經」中所介紹的體位非常多，而且十分有趣，但因爲篇幅有限，所以只介紹到這兒。在整部「素女經」中，一再談到健康的身體源之於正確的體位與正確的交合技巧，但最重要是不可忽略女性的快感，要使其愛液如泉水般溢出。

男人吸收了女性的精氣會愈來愈強壯，故事中規勸男人不宜在女人毫無感覺時射精，強調這樣是有害的。

另一個重點是女性達到了高潮就要結束，不宜一直拖拖拉拉的，以免浪費體力。

現在你一定已經了解，讓女人先達到高潮反而有益於男人，這是兩千年前的中國人智慧。

需要懂得吝惜自己的精力

「素女經」中所敍述的房中術奧義，就在於達到「接而不洩」的目的。

男人可以連日連夜和各種女人交歡，可是如果每次都射精，身體必定受不了，當然對健康也不好；所以，你可以儘量和各種女人接觸，充分享受雲雨之樂，但是却不可以隨便射精，這就是

適量的性行為能使男人更強壯

「接而不洩」的意思。

不過，將這個意義解釋為「決而不洩」也不對。

亦即雖然不可以每次接觸都射精，但也要有一定的頻度，不能完全不射精，這是「素女經」的見解。

可是，何以見得「接而不洩」就對身體有益呢？關於這一點，書中如此解釋——

「氣力有餘　身體能便　耳目聰明
雖自抑靜　意愛更深　」

亦即精力充沛，身體更健康，耳目更清晰，雖然一再自制，但是對於對方的愛情及欲望也會更深刻。

簡言之，只要不輕易而沒有節制地射精，男人就會愈來愈強壯。

當然，如果你純粹想要避免消耗精力，最好的方法就是什麼也不做地躺在那兒，可是，這樣只會使身體愈來愈老化；所以，最好還是每天都和年輕的女人交歡，一面吸收其精氣，一面控制自己的精力發洩。

也有人認為這種「接而不洩」的說法對身體有害，但我認為這可能是誤解了「素女經」的主旨而產生的。

筆者在前面也說過，「素女經」並非主張「決而不洩」，它自身也明言了完全不射精是對身體有害。

「久而不洩致癰疽　若年過六十　而有數旬　不得交接　意中午午者　可閉精勿洩也　」

表示如果長時間勉強不射精，身體就會長疽子得癩病，所以不可忽視這個問題。不過人的身體強弱乃是天生的，是故天生體力較強的人不宜刻意抑制；而過了六十歲，幾十天都無法交接一次者，最好還是不要射精。

問題在能否讓女人先達到高潮

那麼，究竟何種程度的性行為次數最理想呢？關於這一點，「素女經」明晰地列出了基準——

「年二十盛者日再施　虛者一日一施

年三十盛者可一日一施　劣者二日一施
四十盛者三日一施　虛者四日一施
五十盛者可五日一施　虛者可十日一施
六十盛者十日一施　虛者二十日一施
七十盛者可三十日一施　虛者不寫

表示二十歲而身體健康的年輕人可以一天來二次，身體不好者一次；三十歲的健康人可以一天來一次，身體差的則兩天一次；到了四十歲而身體強壯者可以三天一次，身體孱弱可以四天一次；五十歲而身體健康者宜五日一次，身體弱者十日一次，如是依次減少次數。

我要再三叮嚀，這裏所指的是射精次數，並不是性行為的次數。

當然，這是有兩千多年歷史的書，以現代醫學的觀點來分析，已不能百分之百採信。

不過，儘量經常和女人接觸，並愉快地交歡可以增加男性的精力這一點，我在前面重述了幾次，顯然這一個觀點是古今一致的。不論是現代或古代，或西方或東方，女人始終都是男人的活力來源，但是重點在男人要做到「接而不洩」，也就是你要有使女人達到高潮還不射精的持續力，否則，每次接觸都射精，當然就無法與更多的女人接觸了。

如何擁有超群的持續力

那麼，用什麼方法可以增強持續力呢？

首先要訓練收縮肛門，據某位瑜珈研究者所言，早洩者多半是因爲骨盤不正，致使肛門的收縮力不佳，而肛門的括約肌正是射精的眞正開關；所以，只要經常訓練收縮括約肌，卽可治癒某種程度的早洩。

接著談具體的訓練方式。

首先盤腿坐下，深深地把氣吐出來，接著深深吸氣，同時深深地收縮肛門的括約肌，靜止十秒鐘，然後緩緩地吐氣，同時將括約肌放鬆。這種訓練至少每天做五次。

其次是強化持續力的方法，亦卽冷水按摩法。

一般認爲以冰水冷却睪丸的「金冷法」，對於增強精力很有效，但是對於持續力的強化，有時會有反效果，那麼到底該如何做呢？所謂的冷水按摩法，卽是以冷水按摩你的「好傢伙」。

方法是在臉盆裏裝冷水，同時用手指刺激陰莖至勃起，然後一手握著根部將陰莖泡入冷水中，接著慢慢地抽動，一分鐘後換水，目的是爲了預防體溫改變了水溫，以致失去按摩的效用。

總共要換兩次水做三分鐘，試過的人都表示持續力的確增加了不少。

以下是在性行爲中強化持續力的方法。

這個方法的重點，就是以一手按著尿道球部，藉以緩和射精欲望的方法。

陰莖和肛門之間叫會陰部，只要把手指放在男人的這個部位，就會摸到一個直的管狀突起，這裏就稱爲「尿道球部」。性行爲中只要用手指揑住它，原本高昂的射精欲望就會減低，因此，只要在行爲中及時按揑這個尿道球部幾次，原本只能維持兩分鐘的持續力，即可增長到五、六分鐘。

假如你認爲這種方法很麻煩，市面上也有出售一種陰莖專用的環，只要用這種環勒緊根部，也可以降低射精的欲望，如是也可以持續較久的時間。

此外，還有一個可以更輕易強化持續力的方法，那就是重複套兩個保險套。當然，套上了兩個保險套，陰莖的敏感度就會減低，射精欲自然也會因而降低。

除此之外，也可以請你的女性伴侶幫忙，譬如在行爲中停止動作，或者故意說一些風涼話都可以，最好是養成保持結合而靜止不動的習慣，這樣都有助於增加持續力。

當然，最後你也可能考慮到自己早洩的原因，可能是包莖所致。

一般人因爲龜頭始終都露在外面，平時即經常與外物摩擦，受到各種刺激，所以有一定的鈍感程度。相反的，假性包莖的人因爲平時龜頭就很少受到刺激，所以勃起時龜頭一露出來便非常敏感，很容易射精。

總而言之，包莖有百害而無一利，既然手術簡單又不需花多少時間，你何不早日割除那一層不必要的皮呢？

第八要件　將妻子或情人訓練成好女人

性功能優異的女人是男人永遠的夢想

名作家Y先生曾公開表示，他最大的嗜好就是探求女性身體的奧秘，因此，他一生當中嚐遍了各種女人的滋味——可見男人渴望覓得性功能優異的女人，而這種渴望顯然是沒有止盡的。

有許多男人會一個接一個不停地追求各種女人，其主要目的當然是想要尋覓一些未知的刺激，一種對於新鮮感的期待。自古以來，對性功能優異的女人，便有了各式各樣的名稱，諸如千隻蚯蚓、章魚壺……等。

有很多中年人會發牢騷說和妻子魚水交歡的次數愈來愈少，其原因之一固然是妻子已成了黃臉婆，不復擁有昔日的美貌，但最重要的還是對妻子的生理構造感到不滿意。

「自從生過孩子後，她那個部位好像就鬆掉了，失去那種被勒緊的感覺，總覺得好像缺少了什麼。」

關於這種不滿，心理輔導工作者可能會說：

能否娶到性器功能良好的妻子就看你自己了

「這完全是心理因素，不可能因為生了小孩突然變鬆。」

他們認為如果丈夫眞的關切妻子、愛妻子，就應該不會有這種不滿。

以人道觀點的立場來說，這種指導的確不錯，可是以純醫學的立場來看生過小孩的婦女陰道，和處女及一般未生過小孩的女人比較，前者較鬆弛乃是不可否認的事實；所以，做丈夫的對生過小孩的妻子不滿，絕不是純粹的心理感覺。

姑且不論是否生過小孩的女人，一般女性的陰道也有較緊或較鬆者，這是事實。有人說皮膚黑而瘦的女人較有收縮力，或謂菲律賓女人的陰道功能較好等，認為體型或種族的差別也是分辨標準，我倒認為這才是心理感覺，是完全不具說服力的說法。

即使是相同體型及膚色的人，也有大眼睛及小眼睛的差別，聲音也有高低之差，可謂百人百態，性器當然也不例外，所以如果你所娶的妻子性器功能優異，只能說你運氣好。那些過了五十歲仍然每天都要而精力充沛的男人，不可否認他本身一定很強壯，但多半也是因爲其妻子的性器功能太好了，所以才每天晚上忍不住想來那麼一下，一般再強壯的男人也不會每天晚上都需要的。

換句話說，就是因爲妻子性器功能太優秀了，所以丈夫才會成爲強壯的男人——想到這兒，一定有人會認爲這種丈夫太幸福了，但另一方面也覺得這種待遇未免太不公平。

也許就是這個緣故，所以到處都看得到「看身體某些部位，即可知道性功能是否優異」的書，而最具代表性的說法，即耳溝很細的女人性器功能必定很好，嘴巴小的女人也一定很緊，實際上也有很多人如此深信。

根據我的體驗或觸診記憶，只能說有的符合這種說法，有的却不對。很遺憾的，你不能完全憑外表來判斷一個女人性器功能的優劣，親身體驗才是最好的方法。

將妻子訓練成好女人是你的責任

如果你因爲妻子陰道鬆弛而十分不滿，甚至認爲自己的運氣不好，而對成爲強壯男人的想法死心，我倒認爲這是很愚蠢的。

在我的醫療中心裏，就經常爲陰道鬆弛的女人做陰道縮小手術。「醫生，我先生老是說我太鬆了，所以他經常在外面亂搞，請你替我做縮小手術吧！」爲這樣的女人做詳細診查，會發現大部分都不是眞的很鬆，而是男人說她鬆，讓她失去了信心。

這種女人的共通點就是不懂得如何收縮陰道，於是我就教她們以排尿排到一半停下來般的感覺收縮肌肉，只要掌握了這種技巧，就可以在性行爲時應用，而這種初步的訓練原本應該由丈夫來教妻子的。

由於年紀的因素，容貌逐漸褪色了，於是丈夫索求的次數愈來愈少，如果這時候再嫌棄女人鬆弛，女人未免也太可憐了。

這就好像你想讓自己的女兒變成美女，就得不斷地讚美她漂亮，以言行增加女兒的信心，加上她自己的努力，她自然會出落爲眞正的美女。

想要讓妻子成爲性功能優異的女人也一樣，最好的方法就是經常讚美她，女人有信心後動作就會大膽，也會產生積極的研究心理，對於婦女雜誌中所談到讓丈夫高興的技巧或有關記載，也會仔細的閱讀、研究，自己往這方面努力。相對的，只要夫妻生活充實，二人之間的愛情也會加深，相處得更融洽，就這樣，妻子變成了愈來愈好的好女人，而你也愈來愈強壯。

因此，在談論妻子是否鬆弛以前，還是先訓練她成爲性功能優異的女人吧！這可是做丈夫的責任！

立刻改造性器功能的方法

前面提到過，女人的陰道鬆弛時，可以利用外科手術縮小陰道，現在就詳細談談這種方法。說起來非常簡單，也就是把鬆掉的陰道粘膜及一部分的肌肉割除，然後再予以縫合卽可。就好像腰部太大的裙子，只要把多餘的布剪掉再縫合一樣，道理很簡單。

以前做陰道縮小手術的方法，只是把陰道口附近的粘膜及肌肉縫小，陰道內部往往還是鬆弛。而現在的手術除了陰道口以外，同時也把陰道內部的肌肉縫小，做到裏外都縮小，所以效果顯著，依照一般人的說法，就是有雙重縮緊效果的陰道。

也許你會認爲我是自己在吹噓，實際上，我的醫療中心不但做這種單純的陰道縮小手術，爲女人切除陰道內多餘的粘膜與肌肉，同時也設計了讓內部隆起的手術方法。

如此一來，不但治好了陰道鬆弛的困擾，由於陰道中形成了一個大褶，還會造成更加縮緊的感覺及刺激。

這是我自己設計出來的最新方法，手術後包君滿意。

做過陰道縮小手術以後，大約過了五、六星期卽可行房。這時，女人和男人都會因爲禁欲了好幾週而異常興奮和緊張，而且充滿了對於性愉悅的期待感。

不只是單純爲了個人的嗜好，爲提供以後做研究參考，並增加知識，凡是到我的醫療中心來接受過手術的女性，我都會要求她們在事後對我做詳細的報告。當然，由於難爲情的緣故，她們多半是以打電話的方式向我報告，其中也有一部分是以書信的方式向我報告，成了手記式的資料。

有一位三十四歲的M女士，寫了一封頗具可看度的報告信給我，在徵得她的同意後，我將其原文公開於後，以供讀者參考。

妻子的喜悅也會倍增

「許先生：

提到要向您做手術後的成效報告，我感到旣羞澀又不安，所以決定以書信方式向您報告。自從在貴院做了手術後，一直經過了六星期——雖然您說五星期卽可，但爲了愼重起見，我還是等了六星期，然後才和丈夫重拾魚水之歡。

剛開始，我的丈夫因爲無法插入而有點慌張，也許是因爲禁欲了相當長的時間，加上又動了手術，所以我們彼此都有點緊張。

由於我的分泌物不夠，加上我先生也沒有充分勃起，所以剛開始有一陣子很不順利，後來我建議他用唾液試試，他才恍然大悟地說『怎麼沒有想到』，於是依我的建議使用唾液。

嘗試了幾次以後終於成功地結合，那瞬間我覺得有點痛，但不是傷口痛，而是一種長期未開發的秘密部位被硬推開而造成的疼痛，就好像很早以前初次性經驗時的疼痛一般。

可是，我先生一成功就立刻射精了，還不到二十秒鐘。本來他並沒有早洩的習慣，不知是什麼緣故，他說：

『哎，我太興奮了，加上妳那裏縮得很小，使我有點痛，而我們又很久沒有做愛了，所以我再也忍不住……』

第二次做愛時我們兩人都很滿意，一個晚上還做了兩次，這是結婚以來首次發生的情形，我實在太高興了。我先生也說，沒想到我會變得這麼棒，早知如此應該早就動手術了，看來他可能每天晚上都要。

說實話，現在我也很喜歡和丈夫做愛，那一刻，我會覺得好像可以實際掌握丈夫一般，有著過去不曾有過的充實感，而高潮也來得很激烈。

我先生會到外面去風流，也是因爲我的陰道太鬆了，他常說我的就像太平洋一樣，然而這一切好像已離我很遠；現在，我心中只充滿了對往後夫妻生活的期待，我覺得幸福極了，眞謝謝你。」

M女士的信就這樣結束。接到這種充滿感激的報告，我當然也很高興。

目前，我一個月大約要做二十幾次這種手術，而且，沒有一個人對手術後的結果不滿意。

無論如何，身爲一個男子漢大丈夫，絕不能嫌棄自己的妻子陰道鬆弛，這是會使得女人完全失去信心的低俗行爲。假如她在生過孩子以後眞的變成了「太平洋」，你就應該以豁達的態度拿出錢來，乾脆讓妻子接受陰道縮小手術，然後在互相都能滿意的情況下，每晚都甜蜜地相親相愛，這樣不是更符合人道嗎？

後記——不要遲疑地做個性感男人吧！

在本書裏，我一再強調的是不論你喜歡與否，人的性魅力大部分由外表所決定，因此，如果你擁有出色的儀表，不論男人或女人，都應該廣為散播你的魅力。

我並不否定不能以人的外表來決定其價值，這是任何人都能明白的道理，但是，我相信渴望以如同鐘樓怪人那樣的男人為情人或配偶者，也必定少之又少，即使這種人擁有一顆美麗的心；在一般人了解其內在美以前，只怕已因其醜陋的外貌而棄如敝屣了。

任何人都了解容貌並不是評價的基準，最重要的是內在美，但如果有兩個人的條件都一樣，你當然寧願挑外表美觀者，這可以說是人之常情。

不只是女性雜誌，尤其專為男性出版的週刊雜誌，也充滿了如何使你更具男性美，更具男性魅力的記載。

換句話說，俊男美女在這個社會上絕不會吃虧，所以我鼓勵各位多磨練自己，增加自己的信心與修養，使你的容貌比他人更出色。

因此，我在這兒把本書中逐一介紹過的美化臉孔及身材的方法，予以重點性地再強調一次。

首先要提到的是，目前世界各國都很盛行男性美容整型手術，只要你能夠忍受五分鐘的手術時間，小眼睛就可以變成大眼睛，單眼皮可以變成雙眼皮，甚至鼻子、大小不同的眼睛或過窄的額頭等，都能隨心所欲地美化，而且效果往往好得令你驚訝，使你擁有一副可以給人開朗印象或好感的容貌。

此外，臉上的疤痕或傷痕，除非情況十分嚴重，一般都可以利用美容手術消除至某種程度。技術高明者更可以不留下任何手術痕跡，使你獲得更多就業的機會。實際上，現在的手術技巧已高明到連兔唇的痕跡都可以完全消除了。

還有年輕時在衝動情況下製造的刺青，也可以徹底清除。面積小的只要採用切除刺青部分再予以縫合的手術卽可；面積較大者，則採用皮膚移植法，所以你根本不必因早年的失足而抱憾終身。

其次是要避免肥胖，因爲肥胖乃是罹患各種成人病的元兇。只要適當地限制熱量及運動，卽可恰到好處地維持修長而有精神的體型。不可忽略的是，目前先進國家都已經開始歧視胖子了。

再者，老化乃是每個人都會有的現象，皺紋總是會隨著年齡的增長愈來愈多，但皺紋會強化老化的印象，所以必要時也可以做去除皺紋的手術。譬如美國的雷根總統，卽因爲除去了部分的皺紋，讓他看來年輕了五—十歲，所以得以順利地當選連任。

對於禿頭，現在已有各種進步的研究成果，包括平時的維護方法，到萬一已經禿頭時可進行外科處理等。關於後者的處理方法，現在也已日新月異，所以不要認爲已經秃了再怎麼說也無藥可救，你可以去找可靠的醫生，他一定會爲你妥善處理的。

說來說去，最重要的還是性方面的問題。充沛的性欲乃是男性性魅力不可或缺的要素，在這兒我首先提到的是有關包莖的問題。在本文中，我逐一列擧了很多包莖的害處，而它最明顯的缺點，就是一定會造成早洩，缺乏持續力，所以一定要盡早把包皮割除。

其次，包莖會造成不易保持龜頭的清潔衞生，因而罹患陰莖癌的比率很高，所以最好經常讓敏感的龜頭露出來，沒有用的包皮還是盡早割除爲妙。至於手術所需的時間，大約只有十分鐘左右。

順便提到的是，由於意外或生活上的壓力造成陽萎時，也有順利治癒的希望，方法是利用手術在陰莖的海綿組織中埋入某種特殊的東西，使陰莖保持一定的硬度，重新擁有性生活的樂趣。甚至老人性陽萎也有治療的方法，千萬不要輕易放棄。需知對一個男人來說，能夠再度擁有性生活，有時簡直如同再生般，會再建一個男人應有的自信。

最後一點是如果你的妻子陰道太鬆了，或因生產後陰道鬆弛，以致雲雨時毫無刺激感，令你心生煩惱時，不妨乾脆鼓勵妻子去做陰道縮小手術，相信她很快就會變成性器功能良好的女人。你要明白，順暢的性生活能造就好女人與好男人，這是不變的眞理，所以，如果你不能讓妻子成爲好女人，你這個男人未免也太沒用了。

由上述種種看來，現在的美容醫學似乎已無所不能，彷彿已到了任何事都能做到的時代，實際上，有關人體的改造的確已達到了這個境地。

然而，科學再發達，醫學再進步，人體有些部分還是無法改變的。

那就是一顆美麗的心，這是再偉大名醫的手術刀，也無法造就出來。

有關容貌之美的重要性我已再三強調，但是，如果你忽略了心靈之美的重要性，就會變成白癡美人或無能的美男子，而這樣的人一旦氾濫了，這個世界必定更醜陋。無論如何，你要重視自己的儀表，必要時也可以求助於美容整型醫生；然而你更不可忽略內在的魅力，而這也是醫生無法幫助你的，必須由你自己去努力、磨練。

11. 性格測驗⑪ 敲開內心玄機　淺野八郎著　140 元
12. 性格測驗⑫ 透視你的未來　淺野八郎著　160 元
13. 血型與你的一生　淺野八郎著　160 元
14. 趣味推理遊戲　淺野八郎著　160 元
15. 行為語言解析　淺野八郎著　160 元

・婦 幼 天 地・電腦編號 16

1. 八萬人減肥成果　黃靜香譯　180 元
2. 三分鐘減肥體操　楊鴻儒譯　150 元
3. 窈窕淑女美髮秘訣　柯素娥譯　130 元
4. 使妳更迷人　成　玉譯　130 元
5. 女性的更年期　官舒妍編譯　160 元
6. 胎內育兒法　李玉瓊編譯　150 元
7. 早產兒袋鼠式護理　唐岱蘭譯　200 元
8. 初次懷孕與生產　婦幼天地編譯組　180 元
9. 初次育兒 12 個月　婦幼天地編譯組　180 元
10. 斷乳食與幼兒食　婦幼天地編譯組　180 元
11. 培養幼兒能力與性向　婦幼天地編譯組　180 元
12. 培養幼兒創造力的玩具與遊戲　婦幼天地編譯組　180 元
13. 幼兒的症狀與疾病　婦幼天地編譯組　180 元
14. 腿部苗條健美法　婦幼天地編譯組　180 元
15. 女性腰痛別忽視　婦幼天地編譯組　150 元
16. 舒展身心體操術　李玉瓊編譯　130 元
17. 三分鐘臉部體操　趙薇妮著　160 元
18. 生動的笑容表情術　趙薇妮著　160 元
19. 心曠神怡減肥法　川津祐介著　130 元
20. 內衣使妳更美麗　陳玄茹譯　130 元
21. 瑜伽美姿美容　黃靜香編著　180 元
22. 高雅女性裝扮學　陳珮玲譯　180 元
23. 蠶糞肌膚美顏法　坂梨秀子著　160 元
24. 認識妳的身體　李玉瓊譯　160 元
25. 產後恢復苗條體態　居理安・芙萊喬著　200 元
26. 正確護髮美容法　山崎伊久江著　180 元
27. 安琪拉美姿養生學　安琪拉蘭斯博瑞著　180 元
28. 女體性醫學剖析　增田豐著　220 元
29. 懷孕與生產剖析　岡部綾子著　180 元
30. 斷奶後的健康育兒　東城百合子著　220 元
31. 引出孩子幹勁的責罵藝術　多湖輝著　170 元
32. 培養孩子獨立的藝術　多湖輝著　170 元
33. 子宮肌瘤與卵巢囊腫　陳秀琳編著　180 元
34. 下半身減肥法　納他夏・史達賓著　180 元
35. 女性自然美容法　吳雅菁編著　180 元
36. 再也不發胖　池園悅太郎著　170 元

37. 生男生女控制術	中垣勝裕著	220 元
38. 使妳的肌膚更亮麗	楊　皓編著	170 元
39. 臉部輪廓變美	芝崎義夫著	180 元
40. 斑點、皺紋自己治療	高須克彌著	180 元
41. 面皰自己治療	伊藤雄康著	180 元
42. 隨心所欲瘦身冥想法	原久子著	180 元
43. 胎兒革命	鈴木丈織著	180 元
44. NS 磁氣平衡法塑造窈窕奇蹟	古屋和江著	180 元
45. 享瘦從腳開始	山田陽子著	180 元
46. 小改變瘦 4 公斤	宮本裕子著	180 元
47. 軟管減肥瘦身	高橋輝男著	180 元
48. 海藻精神秘美容法	劉名揚編著	180 元
49. 肌膚保養與脫毛	鈴木真理著	180 元
50. 10 天減肥 3 公斤	彤雲編輯組	180 元
51. 穿出自己的品味	西村玲子著	280 元

・青春天地・電腦編號 17

1. A 血型與星座	柯素娥編譯	160 元
2. B 血型與星座	柯素娥編譯	160 元
3. O 血型與星座	柯素娥編譯	160 元
4. AB 血型與星座	柯素娥編譯	120 元
5. 青春期性教室	呂貴嵐編譯	130 元
6. 事半功倍讀書法	王毅希編譯	150 元
7. 難解數學破題	宋釗宜編譯	130 元
9. 小論文寫作秘訣	林顯茂編譯	120 元
11. 中學生野外遊戲	熊谷康編著	120 元
12. 恐怖極短篇	柯素娥編譯	130 元
13. 恐怖夜話	小毛驢編譯	130 元
14. 恐怖幽默短篇	小毛驢編譯	120 元
15. 黑色幽默短篇	小毛驢編譯	120 元
16. 靈異怪談	小毛驢編譯	130 元
17. 錯覺遊戲	小毛驢編著	130 元
18. 整人遊戲	小毛驢編著	150 元
19. 有趣的超常識	柯素娥編譯	130 元
20. 哦！原來如此	林慶旺編譯	130 元
21. 趣味競賽 100 種	劉名揚編譯	120 元
22. 數學謎題入門	宋釗宜編譯	150 元
23. 數學謎題解析	宋釗宜編譯	150 元
24. 透視男女心理	林慶旺編譯	120 元
25. 少女情懷的自白	李桂蘭編譯	120 元
26. 由兄弟姊妹看命運	李玉瓊編譯	130 元
27. 趣味的科學魔術	林慶旺編譯	150 元
28. 趣味的心理實驗室	李燕玲編譯	150 元

29. 愛與性心理測驗　小毛驢編譯　130元
30. 刑案推理解謎　小毛驢編譯　130元
31. 偵探常識推理　小毛驢編譯　130元
32. 偵探常識解謎　小毛驢編譯　130元
33. 偵探推理遊戲　小毛驢編譯　130元
34. 趣味的超魔術　廖玉山編著　150元
35. 趣味的珍奇發明　柯素娥編著　150元
36. 登山用具與技巧　陳瑞菊編著　150元
37. 性的漫談　蘇燕謀編著　180元
38. 無的漫談　蘇燕謀編著　180元
39. 黑色漫談　蘇燕謀編著　180元
40. 白色漫談　蘇燕謀編著　180元

・健康天地・電腦編號 18

1. 壓力的預防與治療　柯素娥編譯　130元
2. 超科學氣的魔力　柯素娥編譯　130元
3. 尿療法治病的神奇　中尾良一著　130元
4. 鐵證如山的尿療法奇蹟　廖玉山譯　120元
5. 一日斷食健康法　葉慈容編譯　150元
6. 胃部強健法　陳炳崑譯　120元
7. 癌症早期檢查法　廖松濤譯　160元
8. 老人痴呆症防止法　柯素娥編譯　130元
9. 松葉汁健康飲料　陳麗芬編譯　130元
10. 揉肚臍健康法　永井秋夫著　150元
11. 過勞死、猝死的預防　卓秀貞編譯　130元
12. 高血壓治療與飲食　藤山順豐著　150元
13. 老人看護指南　柯素娥編譯　150元
14. 美容外科淺談　楊啟宏著　150元
15. 美容外科新境界　楊啟宏著　150元
16. 鹽是天然的醫生　西英司郎著　140元
17. 年輕十歲不是夢　梁瑞麟譯　200元
18. 茶料理治百病　桑野和民著　180元
19. 綠茶治病寶典　桑野和民著　150元
20. 杜仲茶養顏減肥法　西田博著　150元
21. 蜂膠驚人療效　瀨長良三郎著　180元
22. 蜂膠治百病　瀨長良三郎著　180元
23. 醫藥與生活(一)　鄭炳全著　180元
24. 鈣長生寶典　落合敏著　180元
25. 大蒜長生寶典　木下繁太郎著　160元
26. 居家自我健康檢查　石川恭三著　160元
27. 永恆的健康人生　李秀鈴譯　200元
28. 大豆卵磷脂長生寶典　劉雪卿譯　150元
29. 芳香療法　梁艾琳譯　160元

30. 醋長生寶典	柯素娥譯	180 元
31. 從星座透視健康	席拉・吉蒂斯著	180 元
32. 愉悅自在保健學	野本二士夫著	160 元
33. 裸睡健康法	丸山淳士等著	160 元
34. 糖尿病預防與治療	藤田順豐著	180 元
35. 維他命長生寶典	菅原明子著	180 元
36. 維他命 C 新效果	鐘文訓編	150 元
37. 手、腳病理按摩	堤芳朗著	160 元
38. AIDS 瞭解與預防	彼得塔歇爾著	180 元
39. 甲殼質殼聚糖健康法	沈永嘉譯	160 元
40. 神經痛預防與治療	木下真男著	160 元
41. 室內身體鍛鍊法	陳炳崑編著	160 元
42. 吃出健康藥膳	劉大器編著	180 元
43. 自我指壓術	蘇燕謀編著	160 元
44. 紅蘿蔔汁斷食療法	李玉瓊編著	150 元
45. 洗心術健康秘法	竺翠萍編譯	170 元
46. 枇杷葉健康療法	柯素娥編譯	180 元
47. 抗衰血癒	楊啟宏著	180 元
48. 與癌搏鬥記	逸見政孝著	180 元
49. 冬蟲夏草長生寶典	高橋義博著	170 元
50. 痔瘡・大腸疾病先端療法	宮島伸宜著	180 元
51. 膠布治癒頑固慢性病	加瀨建造著	180 元
52. 芝麻神奇健康法	小林貞作著	170 元
53. 香煙能防止癡呆？	高田明和著	180 元
54. 穀菜食治癌療法	佐藤成志著	180 元
55. 貼藥健康法	松原英多著	180 元
56. 克服癌症調和道呼吸法	帶津良一著	180 元
57. B 型肝炎預防與治療	野村喜重郎著	180 元
58. 青春永駐養生導引術	早島正雄著	180 元
59. 改變呼吸法創造健康	原久子著	180 元
60. 荷爾蒙平衡養生秘訣	出村博著	180 元
61. 水美肌健康法	井戶勝富著	170 元
62. 認識食物掌握健康	廖梅珠編著	170 元
63. 痛風劇痛消除法	鈴木吉彥著	180 元
64. 酸莖菌驚人療效	上田明彥著	180 元
65. 大豆卵磷脂治現代病	神津健一著	200 元
66. 時辰療法—危險時刻凌晨 4 時	呂建強等著	180 元
67. 自然治癒力提升法	帶津良一著	180 元
68. 巧妙的氣保健法	藤平墨子著	180 元
69. 治癒 C 型肝炎	熊田博光著	180 元
70. 肝臟病預防與治療	劉名揚編著	180 元
71. 腰痛平衡療法	荒井政信著	180 元
72. 根治多汗症、狐臭	稻葉益巳著	220 元
73. 40 歲以後的骨質疏鬆症	沈永嘉譯	180 元

74. 認識中藥	松下一成著	180 元
75. 認識氣的科學	佐佐木茂美著	180 元
76. 我戰勝了癌症	安田伸著	180 元
77. 斑點是身心的危險信號	中野進著	180 元
78. 艾波拉病毒大震撼	玉川重德著	180 元
79. 重新還我黑髮	桑名隆一郎著	180 元
80. 身體節律與健康	林博史著	180 元
81. 生薑治萬病	石原結實著	180 元
82. 靈芝治百病	陳瑞東著	180 元
83. 木炭驚人的威力	大槻彰著	200 元
84. 認識活性氧	井土貴司著	180 元
85. 深海鮫治百病	廖玉山編著	180 元
86. 神奇的蜂王乳	井上丹治著	180 元
87. 卡拉 OK 健腦法	東潔著	180 元
88. 卡拉 OK 健康法	福田伴男著	180 元
89. 醫藥與生活(二)	鄭炳全著	200 元
90. 洋蔥治百病	宮尾興平著	180 元
91. 年輕 10 歲快步健康法	石塚忠雄著	180 元
92. 石榴的驚人神效	岡本順子著	180 元
93. 飲料健康法	白鳥早奈英著	180 元

・實用女性學講座・電腦編號 19

1. 解讀女性內心世界	島田一男著	150 元
2. 塑造成熟的女性	島田一男著	150 元
3. 女性整體裝扮學	黃靜香編著	180 元
4. 女性應對禮儀	黃靜香編著	180 元
5. 女性婚前必修	小野十傳著	200 元
6. 徹底瞭解女人	田口二州著	180 元
7. 拆穿女性謊言 88 招	島田一男著	200 元
8. 解讀女人心	島田一男著	200 元
9. 俘獲女性絕招	志賀貢著	200 元
10. 愛情的壓力解套	中村理英子著	200 元

・校園系列・電腦編號 20

1. 讀書集中術	多湖輝著	150 元
2. 應考的訣竅	多湖輝著	150 元
3. 輕鬆讀書贏得聯考	多湖輝著	150 元
4. 讀書記憶秘訣	多湖輝著	150 元
5. 視力恢復！超速讀術	江錦雲譯	180 元
6. 讀書 36 計	黃柏松編著	180 元
7. 驚人的速讀術	鐘文訓編著	170 元

11. 宇宙與地球終結之謎	南山宏著	200 元
12. 驚世奇功揭秘	傅起鳳著	200 元
13. 啟發身心潛力心象訓練法	栗田昌裕著	180 元
14. 仙道術遁甲法	高藤聰一郎著	220 元
15. 神通力的秘密	中岡俊哉著	180 元
16. 仙人成仙術	高藤聰一郎著	200 元
17. 仙道符咒氣功法	高藤聰一郎著	220 元
18. 仙道風水術尋龍法	高藤聰一郎著	200 元
19. 仙道奇蹟超幻像	高藤聰一郎著	200 元
20. 仙道鍊金術房中法	高藤聰一郎著	200 元
21. 奇蹟超醫療治癒難病	深野一幸著	220 元
22. 揭開月球的神秘力量	超科學研究會	180 元
23. 西藏密教奧義	高藤聰一郎著	250 元
24. 改變你的夢術入門	高藤聰一郎著	250 元

・養 生 保 健・電腦編號 23

1. 醫療養生氣功	黃孝寬著	250 元
2. 中國氣功圖譜	余功保著	230 元
3. 少林醫療氣功精粹	井玉蘭著	250 元
4. 龍形實用氣功	吳大才等著	220 元
5. 魚戲增視強身氣功	宮　嬰著	220 元
6. 嚴新氣功	前新培金著	250 元
7. 道家玄牝氣功	張　章著	200 元
8. 仙家秘傳袪病功	李遠國著	160 元
9. 少林十大健身功	秦慶豐著	180 元
10. 中國自控氣功	張明武著	250 元
11. 醫療防癌氣功	黃孝寬著	250 元
12. 醫療強身氣功	黃孝寬著	250 元
13. 醫療點穴氣功	黃孝寬著	250 元
14. 中國八卦如意功	趙維漢著	180 元
15. 正宗馬禮堂養氣功	馬禮堂著	420 元
16. 秘傳道家筋經內丹功	王慶餘著	280 元
17. 三元開慧功	辛桂林著	250 元
18. 防癌治癌新氣功	郭　林著	180 元
19. 禪定與佛家氣功修煉	劉天君著	200 元
20. 顛倒之術	梅自強著	360 元
21. 簡明氣功辭典	吳家駿編	360 元
22. 八卦三合功	張全亮著	230 元
23. 朱砂掌健身養生功	楊永著	250 元
24. 抗老功	陳九鶴著	230 元
25. 意氣按穴排濁自療法	黃啟運編著	250 元
26. 陳式太極拳養生功	陳正雷著	200 元

・社會人智囊・電腦編號 24

1.	糾紛談判術	清水增三著	160 元
2.	創造關鍵術	淺野八郎著	150 元
3.	觀人術	淺野八郎著	180 元
4.	應急詭辯術	廖英迪編著	160 元
5.	天才家學習術	木原武一著	160 元
6.	貓型狗式鑑人術	淺野八郎著	180 元
7.	逆轉運掌握術	淺野八郎著	180 元
8.	人際圓融術	澀谷昌三著	160 元
9.	解讀人心術	淺野八郎著	180 元
10.	與上司水乳交融術	秋元隆司著	180 元
11.	男女心態定律	小田晉著	180 元
12.	幽默說話術	林振輝編著	200 元
13.	人能信賴幾分	淺野八郎著	180 元
14.	我一定能成功	李玉瓊譯	180 元
15.	獻給青年的嘉言	陳蒼杰譯	180 元
16.	知人、知面、知其心	林振輝編著	180 元
17.	塑造堅強的個性	坂上肇著	180 元
18.	為自己而活	佐藤綾子著	180 元
19.	未來十年與愉快生活有約	船井幸雄著	180 元
20.	超級銷售話術	杜秀卿譯	180 元
21.	感性培育術	黃靜香編著	180 元
22.	公司新鮮人的禮儀規範	蔡媛惠譯	180 元
23.	傑出職員鍛鍊術	佐佐木正著	180 元
24.	面談獲勝戰略	李芳黛譯	180 元
25.	金玉良言撼人心	森純大著	180 元
26.	男女幽默趣典	劉華亭編著	180 元
27.	機智說話術	劉華亭編著	180 元
28.	心理諮商室	柯素娥譯	180 元
29.	如何在公司崢嶸頭角	佐佐木正著	180 元
30.	機智應對術	李玉瓊編著	200 元
31.	克服低潮良方	坂野雄二著	180 元
32.	智慧型說話技巧	沈永嘉編著	180 元
33.	記憶力、集中力增進術	廖松濤編著	180 元
34.	女職員培育術	林慶旺編著	180 元
35.	自我介紹與社交禮儀	柯素娥編著	180 元
36.	積極生活創幸福	田中真澄著	180 元
37.	妙點子超構想	多湖輝著	180 元
38.	說 NO 的技巧	廖玉山編著	180 元
39.	一流說服力	李玉瓊編著	180 元
40.	般若心經成功哲學	陳鴻蘭編著	180 元
41.	訪問推銷術	黃靜香編著	180 元

42. 男性成功秘訣　陳蒼杰編著　180 元
43. 笑容、人際智商　宮川澄子著　180 元
44. 多湖輝的構想工作室　多湖輝著　200 元

・精 選 系 列・電腦編號 25

1. 毛澤東與鄧小平　渡邊利夫等著　280 元
2. 中國大崩裂　江戶介雄著　180 元
3. 台灣・亞洲奇蹟　上村幸治著　220 元
4. 7-ELEVEN 高盈收策略　國友隆一著　180 元
5. 台灣獨立（新・中國日本戰爭一）　森詠著　200 元
6. 迷失中國的末路　江戶雄介著　220 元
7. 2000 年 5 月全世界毀滅　紫藤甲子男著　180 元
8. 失去鄧小平的中國　小島朋之著　220 元
9. 世界史爭議性異人傳　桐生操著　200 元
10. 淨化心靈享人生　松濤弘道著　220 元
11. 人生心情診斷　賴藤和寬著　220 元
12. 中美大決戰　檜山良昭著　220 元
13. 黃昏帝國美國　莊雯琳譯　220 元
14. 兩岸衝突（新・中國日本戰爭二）　森詠著　220 元
15. 封鎖台灣（新・中國日本戰爭三）　森詠著　220 元
16. 中國分裂（新・中國日本戰爭四）　森詠著　220 元
17. 由女變男的我　虎井正衛著　200 元
18. 佛學的安心立命　松濤弘道著　220 元

・運 動 遊 戲・電腦編號 26

1. 雙人運動　李玉瓊譯　160 元
2. 愉快的跳繩運動　廖玉山譯　180 元
3. 運動會項目精選　王佑京譯　150 元
4. 肋木運動　廖玉山譯　150 元
5. 測力運動　王佑宗譯　150 元
6. 游泳入門　唐桂萍編著　200 元

・休 閒 娛 樂・電腦編號 27

1. 海水魚飼養法　田中智浩著　300 元
2. 金魚飼養法　曾雪玫譯　250 元
3. 熱門海水魚　毛利匡明著　480 元
4. 愛犬的教養與訓練　池田好雄著　250 元
5. 狗教養與疾病　杉浦哲著　220 元
6. 小動物養育技巧　三上昇著　300 元
20. 園藝植物管理　船越亮二著　220 元

・銀髮族智慧學・電腦編號 28

1. 銀髮六十樂逍遙	多湖輝著	170 元
2. 人生六十反年輕	多湖輝著	170 元
3. 六十歲的決斷	多湖輝著	170 元
4. 銀髮族健身指南	孫瑞台編著	250 元

・飲 食 保 健・電腦編號 29

1. 自己製作健康茶	大海淳著	220 元
2. 好吃、具藥效茶料理	德永睦子著	220 元
3. 改善慢性病健康藥草茶	吳秋嬌譯	200 元
4. 藥酒與健康果菜汁	成玉編著	250 元
5. 家庭保健養生湯	馬汴梁編著	220 元
6. 降低膽固醇的飲食	早川和志著	200 元
7. 女性癌症的飲食	女子營養大學	280 元
8. 痛風者的飲食	女子營養大學	280 元
9. 貧血者的飲食	女子營養大學	280 元
10. 高脂血症者的飲食	女子營養大學	280 元
11. 男性癌症的飲食	女子營養大學	280 元
12. 過敏者的飲食	女子營養大學	280 元
13. 心臟病的飲食	女子營養大學	280 元
14. 滋陰壯陽的飲食	王增著	220 元

・家庭醫學保健・電腦編號 30

1. 女性醫學大全	雨森良彥著	380 元
2. 初為人父育兒寶典	小瀧周曹著	220 元
3. 性活力強健法	相建華著	220 元
4. 30 歲以上的懷孕與生產	李芳黛編著	220 元
5. 舒適的女性更年期	野末悅子著	200 元
6. 夫妻前戲的技巧	笠井寬司著	200 元
7. 病理足穴按摩	金慧明著	220 元
8. 爸爸的更年期	河野孝旺著	200 元
9. 橡皮帶健康法	山田晶著	180 元
10. 三十三天健美減肥	相建華等著	180 元
11. 男性健美入門	孫玉祿編著	180 元
12. 強化肝臟秘訣	主婦の友社編	200 元
13. 了解藥物副作用	張果馨譯	200 元
14. 女性醫學小百科	松山榮吉著	200 元
15. 左轉健康法	龜田修等著	200 元
16. 實用天然藥物	鄭炳全編著	260 元
17. 神秘無痛平衡療法	林宗駛著	180 元

18. 膝蓋健康法	張果馨譯	180 元
19. 針灸治百病	葛書翰著	250 元
20. 異位性皮膚炎治癒法	吳秋嬌譯	220 元
21. 禿髮白髮預防與治療	陳炳崑編著	180 元
22. 埃及皇宮菜健康法	飯森薰著	200 元
23. 肝臟病安心治療	上野幸久著	220 元
24. 耳穴治百病	陳抗美等著	250 元
25. 高效果指壓法	五十嵐康彥著	200 元
26. 瘦水、胖水	鈴木園子著	200 元
27. 手針新療法	朱振華著	200 元
28. 香港腳預防與治療	劉小惠譯	200 元
29. 智慧飲食吃出健康	柯富陽編著	200 元
30. 牙齒保健法	廖玉山編著	200 元
31. 恢復元氣養生食	張果馨譯	200 元
32. 特效推拿按摩術	李玉田著	200 元
33. 一週一次健康法	若狹真著	200 元
34. 家常科學膳食	大塚滋著	220 元
35. 夫妻們關心的男性不孕	原利夫著	220 元
36. 自我瘦身美容	馬野詠子著	200 元
37. 魔法姿勢益健康	五十嵐康彥著	200 元
38. 眼病錘療法	馬栩周著	200 元
39. 預防骨質疏鬆症	藤田拓男著	200 元
40. 骨質增生效驗方	李吉茂編著	250 元
41. 蕺菜健康法	小林正夫著	200 元
42. 赧於啟齒的男性煩惱	增田豐著	220 元
43. 簡易自我健康檢查	稻葉允著	250 元
44. 實用花草健康法	友田純子著	200 元
45. 神奇的手掌療法	日比野喬著	230 元
46. 家庭式三大穴道療法	刑部忠和著	200 元
47. 子宮癌、卵巢癌	岡島弘幸著	220 元

・超經營新智慧・電腦編號 31

1. 躍動的國家越南	林雅倩譯	250 元
2. 甦醒的小龍菲律賓	林雅倩譯	220 元
3. 中國的危機與商機	中江要介著	250 元
4. 在印度的成功智慧	山內利男著	220 元
5. 7-ELEVEN 大革命	村上豐道著	200 元
6. 業務員成功秘方	呂育清編著	200 元

・心靈雅集・電腦編號 00

1. 禪言佛語看人生	松濤弘道著	180 元

2. 禪密教的奧秘	葉逯謙譯	120 元
3. 觀音大法力	田口日勝著	120 元
4. 觀音法力的大功德	田口日勝著	120 元
5. 達摩禪 106 智慧	劉華亭編譯	220 元
6. 有趣的佛教研究	葉逯謙編譯	170 元
7. 夢的開運法	蕭京凌譯	130 元
8. 禪學智慧	柯素娥編譯	130 元
9. 女性佛教入門	許俐萍譯	110 元
10. 佛像小百科	心靈雅集編譯組	130 元
11. 佛教小百科趣談	心靈雅集編譯組	120 元
12. 佛教小百科漫談	心靈雅集編譯組	150 元
13. 佛教知識小百科	心靈雅集編譯組	150 元
14. 佛學名言智慧	松濤弘道著	220 元
15. 釋迦名言智慧	松濤弘道著	220 元
16. 活人禪	平田精耕著	120 元
17. 坐禪入門	柯素娥編譯	150 元
18. 現代禪悟	柯素娥編譯	130 元
19. 道元禪師語錄	心靈雅集編譯組	130 元
20. 佛學經典指南	心靈雅集編譯組	130 元
21. 何謂「生」阿含經	心靈雅集編譯組	150 元
22. 一切皆空　般若心經	心靈雅集編譯組	180 元
23. 超越迷惘　法句經	心靈雅集編譯組	130 元
24. 開拓宇宙觀　華嚴經	心靈雅集編譯組	180 元
25. 真實之道　法華經	心靈雅集編譯組	130 元
26. 自由自在　涅槃經	心靈雅集編譯組	130 元
27. 沈默的教示　維摩經	心靈雅集編譯組	150 元
28. 開通心眼　佛語佛戒	心靈雅集編譯組	130 元
29. 揭秘寶庫　密教經典	心靈雅集編譯組	180 元
30. 坐禪與養生	廖松濤譯	110 元
31. 釋尊十戒	柯素娥編譯	120 元
32. 佛法與神通	劉欣如編著	120 元
33. 悟（正法眼藏的世界）	柯素娥編譯	120 元
34. 只管打坐	劉欣如編著	120 元
35. 喬答摩・佛陀傳	劉欣如編著	120 元
36. 唐玄奘留學記	劉欣如編著	120 元
37. 佛教的人生觀	劉欣如編譯	110 元
38. 無門關(上卷)	心靈雅集編譯組	150 元
39. 無門關(下卷)	心靈雅集編譯組	150 元
40. 業的思想	劉欣如編著	130 元
41. 佛法難學嗎	劉欣如著	140 元
42. 佛法實用嗎	劉欣如著	140 元
43. 佛法殊勝嗎	劉欣如著	140 元
44. 因果報應法則	李常傳編	180 元
45. 佛教醫學的奧秘	劉欣如編著	150 元

46. 紅塵絕唱	海　若著	130 元
47. 佛教生活風情	洪丕謨、姜玉珍著	220 元
48. 行住坐臥有佛法	劉欣如著	160 元
49. 起心動念是佛法	劉欣如著	160 元
50. 四字禪語	曹洞宗青年會	200 元
51. 妙法蓮華經	劉欣如編著	160 元
52. 根本佛教與大乘佛教	葉作森編	180 元
53. 大乘佛經	定方晟著	180 元
54. 須彌山與極樂世界	定方晟著	180 元
55. 阿闍世的悟道	定方晟著	180 元
56. 金剛經的生活智慧	劉欣如著	180 元
57. 佛教與儒教	劉欣如編譯	180 元
58. 佛教史入門	劉欣如編譯	180 元
59. 印度佛教思想史	劉欣如編譯	200 元
60. 佛教與女姓	劉欣如編譯	180 元
61. 禪與人生	洪丕謨主編	260 元

・經 營 管 理・電腦編號 01

◎ 創新經營管理六十六大計(精)	蔡弘文編	780 元
1. 如何獲取生意情報	蘇燕謀譯	110 元
2. 經濟常識問答	蘇燕謀譯	130 元
4. 台灣商戰風雲錄	陳中雄著	120 元
5. 推銷大王秘錄	原一平著	180 元
6. 新創意・賺大錢	王家成譯	90 元
7. 工廠管理新手法	琪　輝著	120 元
10. 美國實業 24 小時	柯順隆譯	80 元
11. 撼動人心的推銷法	原一平著	150 元
12. 高竿經營法	蔡弘文編	120 元
13. 如何掌握顧客	柯順隆譯	150 元
17. 一流的管理	蔡弘文編	150 元
18. 外國人看中韓經濟	劉華亭譯	150 元
20. 突破商場人際學	林振輝編著	90 元
22. 如何使女人打開錢包	林振輝編著	100 元
24. 小公司經營策略	王嘉誠著	160 元
25. 成功的會議技巧	鐘文訓編譯	100 元
26. 新時代老闆學	黃柏松編著	100 元
27. 如何創造商場智囊團	林振輝編譯	150 元
28. 十分鐘推銷術	林振輝編譯	180 元
29. 五分鐘育才	黃柏松編譯	100 元
33. 自我經濟學	廖松濤編譯	100 元
34. 一流的經營	陶田生編著	120 元
35. 女性職員管理術	王昭國編譯	120 元
36. ＩＢＭ的人事管理	鐘文訓編譯	150 元

37. 現代電腦常識	王昭國編譯	150 元
38. 電腦管理的危機	鐘文訓編譯	120 元
39. 如何發揮廣告效果	王昭國編譯	150 元
40. 最新管理技巧	王昭國編譯	150 元
41. 一流推銷術	廖松濤編譯	150 元
42. 包裝與促銷技巧	王昭國編譯	130 元
43. 企業王國指揮塔	松下幸之助著	120 元
44. 企業精鋭兵團	松下幸之助著	120 元
45. 企業人事管理	松下幸之助著	100 元
46. 華僑經商致富術	廖松濤編譯	130 元
47. 豐田式銷售技巧	廖松濤編譯	180 元
48. 如何掌握銷售技巧	王昭國編著	130 元
50. 洞燭機先的經營	鐘文訓編譯	150 元
52. 新世紀的服務業	鐘文訓編譯	100 元
53. 成功的領導者	廖松濤編譯	120 元
54. 女推銷員成功術	李玉瓊編譯	130 元
55. ＩＢＭ人才培育術	鐘文訓編譯	100 元
56. 企業人自我突破法	黃琪輝編著	150 元
58. 財富開發術	蔡弘文編著	130 元
59. 成功的店舖設計	鐘文訓編著	150 元
61. 企管回春法	蔡弘文編著	130 元
62. 小企業經營指南	鐘文訓編譯	100 元
63. 商場致勝名言	鐘文訓編譯	150 元
64. 迎接商業新時代	廖松濤編譯	100 元
66. 新手股票投資入門	何朝乾編著	200 元
67. 上揚股與下跌股	何朝乾編譯	180 元
68. 股票速成學	何朝乾編譯	200 元
69. 理財與股票投資策略	黃俊豪編著	180 元
70. 黃金投資策略	黃俊豪編著	180 元
71. 厚黑管理學	廖松濤編譯	180 元
72. 股市致勝格言	呂梅莎編譯	180 元
73. 透視西武集團	林谷燁編譯	150 元
76. 巡迴行銷術	陳蒼杰譯	150 元
77. 推銷的魔術	王嘉誠譯	120 元
78. 60 秒指導部屬	周蓮芬編譯	150 元
79. 精鋭女推銷員特訓	李玉瓊編譯	130 元
80. 企劃、提案、報告圖表的技巧	鄭汶譯	180 元
81. 海外不動產投資	許達守編譯	150 元
82. 八百伴的世界策略	李玉瓊譯	150 元
83. 服務業品質管理	吳宜芬譯	180 元
84. 零庫存銷售	黃東謙編譯	150 元
85. 三分鐘推銷管理	劉名揚編譯	150 元
86. 推銷大王奮鬥史	原一平著	150 元
87. 豐田汽車的生產管理	林谷燁編譯	150 元

・成 功 寶 庫・電腦編號 02

1. 上班族交際術	江森滋著	100 元
2. 拍馬屁訣竅	廖玉山編譯	110 元
4. 聽話的藝術	歐陽輝編譯	110 元
9. 求職轉業成功術	陳義編著	110 元
10. 上班族禮儀	廖玉山編著	120 元
11. 接近心理學	李玉瓊編著	100 元
12. 創造自信的新人生	廖松濤編著	120 元
15. 神奇瞬間瞑想法	廖松濤編譯	100 元
16. 人生成功之鑰	楊意苓編著	150 元
19. 給企業人的諍言	鐘文訓編著	120 元
20. 企業家自律訓練法	陳義編譯	100 元
21. 上班族妖怪學	廖松濤編著	100 元
22. 猶太人縱橫世界的奇蹟	孟佑政編著	110 元
25. 你是上班族中強者	嚴思圖編著	100 元
30. 成功頓悟 100 則	蕭京凌編譯	130 元
32. 知性幽默	李玉瓊編譯	130 元
33. 熟記對方絕招	黃靜香編譯	100 元
37. 察言觀色的技巧	劉華亭編著	180 元
38. 一流領導力	施義彥編譯	120 元
40. 30 秒鐘推銷術	廖松濤編譯	150 元
41. 猶太成功商法	周蓮芬編譯	120 元
42. 尖端時代行銷策略	陳蒼杰編著	100 元
43. 顧客管理學	廖松濤編著	100 元
44. 如何使對方說 Yes	程羲編著	150 元
47. 上班族口才學	楊鴻儒譯	120 元
48. 上班族新鮮人須知	程羲編著	120 元
49. 如何左右逢源	程羲編著	130 元
50. 語言的心理戰	多湖輝著	130 元
55. 性惡企業管理學	陳蒼杰譯	130 元
56. 自我啟發 200 招	楊鴻儒編著	150 元
57. 做個傑出女職員	劉名揚編著	130 元
58. 靈活的集團營運術	楊鴻儒編著	120 元
60. 個案研究活用法	楊鴻儒編著	130 元
61. 企業教育訓練遊戲	楊鴻儒編著	120 元
62. 管理者的智慧	程義編譯	130 元
63. 做個佼佼管理者	馬筱莉編譯	130 元
67. 活用禪學於企業	柯素娥編譯	130 元
69. 幽默詭辯術	廖玉山編譯	150 元
70. 拿破崙智慧箴言	柯素娥編譯	130 元
71. 自我培育・超越	蕭京凌編譯	150 元
74. 時間即一切	沈永嘉編譯	130 元

國家圖書館出版品預行編目資料

男性成功秘訣／陳蒼杰著，－2 版－臺北市，
大展，民 87
面；　公分－（社會人智囊；42）

ISBN 957-557-830-9（平裝）
1. 成人心理學 2. 兩性關性

173.3　　87007034

男性成功秘訣

ISBN 957-557-830-9

編 著 者／陳 蒼 杰
發 行 人／蔡 森 明
出 版 者／大展出版社有限公司
社　　址／台北市北投區（石牌）致遠一路二段12巷1號
電　　話／(02) 28236031・28236033
傳　　眞／(02) 28272069
郵政劃撥／0166955－1
登 記 證／局版臺業字第2171號
承 印 者／國順圖書印刷公司
裝　　訂／嶸興裝訂有限公司
排 版 者／千兵企業有限公司
電　　話／(02) 28812643
初版 1 刷／1989年（民78年）7 月
2 版 1 刷／1998年（民87年）9 月
2 版 2 刷／1998 年（民 87 年）12 月　　定　　價／180元

大展好書 好書大展

大展好書 好書大展